Zitelmann
Reich werden mit Immobilien

WRS-Ratgeber

Reich werden mit Immobilien

Direktinvestment
Immobilienfonds
Immobilienaktien

von

Dr. Rainer Zitelmann

DIE WELT

Die Deutsche Bibliothek – CIP-Einheitsaufnahme

Zitelmann, Rainer:
Reich werden mit Immobilien / von Rainer Zitelmann. – Planegg : WRS-Verlag, 1999
(WRS-Ratgeber)
ISBN 3-8092-1395-0

0002 deutsche bibliothek

ISBN 3-8092-1395-0 Bestell-Nr. 04667

Postanschrift: Postfach 13 63, 82142 Planegg
Hausanschrift: Fraunhoferstraße 5, 82152 Planegg
Telefon (0 89) 8 95 17-0, Telefax (0 89) 8 95 17-2 50
Lektorat: Brigitte Schäferhoff, Rechtsanwältin; Ingo Ehlers, Rechtsassessor

Umschlaggestaltung: Paxmann & Teusch, 80538 München
Satz: Satzstudio »Süd-West« GmbH, 82166 Gräfelfing
Druck: Schoder Druck GmbH, 86368 Gersthofen

Inhaltsverzeichnis

Warum dieses Buch für Kapitalanleger wichtig ist

Von Bodo Schäfer, Europas Money Coach

Der Vereinfachung halber können wir alle Geldanlagen in drei große Gruppen einteilen:

1. Wetten,

2. Geldwert und

3. Sachwerte.

Wetten sind alle die, die nicht kalkulierbare Risiken beinhalten. Selbst für einen Anleger, der sich gut auskennt. Dabei handelt es sich um Warentermingeschäfte, Optionen, Futures, Spielkasinos ... Zumindest dem Einsteiger – oft aber auch dem fortgeschrittenen Investor – ist von einer Investition in Wetten dringend abzuraten.

Der zweite große Bereich sind die Geldanlagen. Hier bleibt Ihr Geld in Geld angelegt. Man könnte auch sagen, Sie verleihen Ihr Geld an irgendeine Institution. Im Gegenzug dazu bekommen Sie eine Verzinsung, die meist sehr niedrig ausfällt. So bewegen sich Sparbücher, Festgelder, Lebensversicherungen, Bausparverträge usw. zumeist in einem Bereich zwischen 1,5 % und 4,5 %. Der ohnehin schmale Gewinn wird außerdem durch die Steuer geschmälert. Zusammenfassend können wir zu Geldwertanlagen sagen, dass sie sicherlich in bestimmten Fällen sinnvoll sein mögen, aber zur Kapitalvermehrung eher ungeeignet sind.

Die dritte große Gruppe sind die Sachwerte. Hier sind Sie Besitzer von Dingen oder halten Anteile in Sachen. Die klassischen Sachwertanlagen sind Immobilien, Aktien, Aktienfonds etc. Ein großer Vorteil der Sachwertanlagen ist der, dass die Inflation sie nicht schädigt. Angenommen, Sie sind der Besitzer eines Hauses, dann werden Sie kaum sagen: „Mein Haus leidet unter Inflation." Vielmehr werden Sie feststellen, dass Ihr Haus wertvoller und damit teurer wird. So wie also die Inflation Ihr

Geld auffrisst, so erhöht die gleiche Inflation den Wert Ihrer Immobilie. Des weiteren bieten Sachwertanlagen einen deutlichen Vorteil in der Besteuerung gegenüber den Geldanlagen.

Zusammenfassend können wir festhalten, dass Geldwertanlagen die einzigen Anlagen sind, die geeignet sind, Vermögen zu bilden. Nun bin ich ein großer Freund davon, das Risiko zu streuen. Insofern ist die oft temperamentvoll geführte Diskussion, ob Immobilien den Aktien oder ob Aktien den Immobilien überlegen sind, nicht die entscheidende. In ein gutes Portfolio gehören Aktien wie auch Immobilien: aufgrund der Risikostreuung, aufgrund der Tatsache, dass niemand die Zukunft sicher voraussagen kann, und aufgrund der Tatsache, dass Aktien und Immobilien die beiden Anlagen sind, die in der Vergangenheit das meiste aus dem Geld gemacht haben.

Ich bin darum aus drei Gründen sehr froh, dass Herr Dr. Zitelmann dieses Buch geschrieben hat und mich bat, ein Vorwort zu schreiben:

Ich habe unter der Vielzahl der Immobilienbücher kein Werk gefunden, das den Leser so sehr an die Hand nimmt und die wirklich relevanten Fragen in leicht lesbarer, verständlicher und doch tief informativer Weise erklärt. So ist für dieses Buch bezeichnend, dass es dem Leser am Ende gute Ratschläge darüber gibt, wer über das Buch hinaus bei einem Immobilienkauf beraten kann.

1. Ich habe Herrn Dr. Zitelmann als einen sehr kompetenten Fachmann erlebt. Er lebt, was er spricht. Als Journalist und Redner ist er viel gefragt. Es gelingt ihm, eine an sich trockene Materie lebendig und spannend herüberzubringen – sowohl in Wort als auch in Schrift.

2. Ich habe Herrn Dr. Zitelmann als Mensch sehr schätzen gelernt. In seiner Begeisterung für Immobilien, die wahrscheinlich nur noch übertroffen wird durch seine Begeisterung zu Netzwerken (Aufbau und Erhaltung von Beziehungen) und helfend zur Seite zu stehen, hat er mir bei einem Immobilienkauf entscheidend zur Seite gestanden. Und das war nur eine Gelegenheit von vielen, bei denen ich ihn „bei der Arbeit" erleben konnte. Im Laufe der Zeit hat sich zwischen uns eine Beziehung aufgebaut, die jeweils das Leben des anderen be-

reichert hat. In diesem Sinne möchte ich Ihnen auch dieses Buch empfehlen. Ich wünsche Ihnen, dass Sie durch dieses Buch Ihre Beziehung zu Immobilien vertiefen und diese Beziehung eine gewinnbringende und Ihnen viel Spaß bereitende sein wird.

Vorwort

Neun von zehn Millionären, so heißt eine oft zitierte Lebensweisheit, sind durch Immobilien reich geworden. Vermutlich lässt sich eine solche Aussage kaum statistisch überprüfen, jedenfalls spiegelt sich in ihr die Erfahrung wider, dass Immobilien einen zentralen Baustein im Vermögensaufbau darstellen.

Zu Recht wird Anlegern mit einem Anlagehorizont von mindestens zehn Jahren unter Ertrags- und Risikoaspekten empfohlen, ihre Vermögensstruktur so zu gestalten*: Immobilien: 50 %, Aktien: 25 %, Zinsanlagen: 25 %.

Die zentrale Bedeutung, die Immobilien für den Vermögensaufbau haben, steht jedoch in einem erstaunlichen Missverhältnis zu dem geringen Informationsgrad über diese Anlageform. Seit einigen Jahren berichten die Medien – erfreulicherweise – ausführlich über Aktienanlagen, aber über Immobilien schreiben viele Journalisten immer noch am liebsten im Zusammenhang mit Skandalen und negativen Ereignissen. „Baulöwen", „Immobilienhaie" und „Immobilienspekulanten" haben eine schlechte Presse.

Ich habe jedoch in meiner Tätigkeit als Ressortleiter Immobilien für die Tageszeitung DIE WELT und als Vortragsredner auf zahlreichen Veranstaltungen und Seminaren gemerkt, dass Anleger ein großes Bedürfnis nach sachlichen, wirklich nutzbringenden Informationen haben. Denn unbestritten bergen Immobilieninvestitionen nicht nur große Chancen, sondern auch erhebliche Risiken. Ich bin jedoch der Meinung, dass mindestens 80 % der häufigsten Fehler bei Immobilieninvestitionen vermeidbar sind, wenn einige elementare Grundsätze beachtet werden. Darum geht es in diesem Buch.

Es ist zu einem nicht geringen Teil aus jenen praktischen Fragen heraus entstanden, die mir Leser und Zuhörer, so etwa in den Seminaren von Europas Money Coach Bodo Schäfer, bei denen ich regelmäßig zum Thema „Vermögensaufbau mit Immobilien" spreche, gestellt haben.

---

* Johannes Müller, Handbuch Geldanlage, Frankfurt/New York 1999, S. 283.

Fachlich habe ich viel den Teilnehmern der von meinem Freund Rechtsanwalt Dr. Peter Decker und mir vor zwei Jahren ins Leben gerufenen BERLINER IMMOBILIENRUNDE, eines Gesprächskreises von Führungspersönlichkeiten der Immobilienwirtschaft, zu verdanken. Besonders bedanken möchte ich mich an dieser Stelle bei Freunden, Experten und Praktikern, die das Manuskript gelesen haben und von denen ich in den letzten Jahren viel lernen durfte:

Wolfgang Apel, Rechtsanwalt und Steuerberater bei Feddersen Laule Ewerwahn Scherzberg Finkelnburg Clemm in Berlin; Hans-Joachim Beck, Vorsitzender Richter am Finanzgericht Berlin; Michael Beck, Portfoliomanager bei dem Stuttgarter Bankhaus Ellwanger & Geiger; Dr. Beate Dimitrow, Steuerberaterin bei der KPMG in Berlin; Stefan Loipfinger, Herausgeber der Marktanalyse für steuersparende Kapitalanlagen, Prof. Dr. Karl-Georg Loritz, Lehrstuhlinhaber für Steuerrecht an der Universität Bayreuth; Rudolf Pfeiffer, Geschäftsführer bei der Spar- und Anlageberatung GmbH in Bad Homburg; Heinz-Jürgen Prangenberg, Vertriebschef bei Bast-Bau in Düsseldorf; Harald Simons, Wissenschaftler beim empirica-Institut in Bonn und Berlin.

Berlin im September 1999 — Dr. Rainer Zitelmann

1 Aktien oder Immobilien?

Wer langfristig ein Vermögen aufbauen will, für den kommen nicht allzu viele Alternativen der Geldanlage in Betracht. Manche scheiden von vornherein aus. So zum Beispiel das gute, alte Sparbuch. Sicherlich ist es vernünftig, eine „eiserne Reserve" in Höhe von einigen Netto-Monatsgehältern kurzfristig anzulegen, also in Geldmarktfonds, als Termingeld oder auch auf dem Sparbuch. Bei diesem Geld handelt es sich jedoch nicht um das Kapital, mit dem Sie Vermögen aufbauen, sondern um die notwendige Rücklage für die Wechselfälle des Lebens. Leider machen viele Menschen den Fehler, kurz- und längerfristige Geldanlagen nicht strikt zu trennen. Wenn ich jedoch nur ein Sparkonto habe, von dem ich Geld bei einer größeren Autoreparatur oder einer Neuanschaffung abhebe, zugleich jedoch damit langfristig ansparen will, dann werden zwei Ebenen vermengt, die klar getrennt werden sollten.

Geld für kurzfristige Rücklagen muss sicher angelegt werden und jederzeit rasch verfügbar sein. Also werden Sie dafür keine attraktiven Zinsen erhalten. Und wenn Sie keine attraktive Verzinsung erreichen, werden Sie kein wirkliches Vermögen aufbauen können. Bedenken Sie: Wenn Sie Ihr Kapital mit 3 % Zinsen anlegen, dauert es 24 Jahre, bis es sich verdoppelt. Wenn es Ihnen gelingt, eine Anlage zu finden, mit der Sie regelmäßig eine Verzinsung von 8 % erreichen, dauert es nur neun Jahre, bis sich Ihr Geld verdoppelt hat.

Auch mit Kapitallebensversicherungen werden Sie nicht reich. Zur Verteidigung dieser heute in den Medien oft kritisierten Anlageform sei allerdings gesagt, dass eine Kapitallebensversicherung keineswegs so schlecht ist, wie von den Kritikern pauschal unterstellt wird. So ist es beispielsweise für besserverdienende Arbeitnehmer durchaus empfehlenswert, eine so genannte Direktversicherung abzuschließen, weil diese steuerlich begünstigt ist. Gegner von Lebensversicherungen argumentieren, mit einer Kombination aus Aktienfonds und Risikolebensversicherung ließen sich die beiden gewünschten Ziele, also Schutz der Angehörigen einerseits und Vermögensaufbau andererseits, besser erreichen. Wichtiger als die Entscheidung, ob ich den Weg über eine Kapitallebensversicherung oder über einen Aktienfonds plus Risikolebensversicherung wähle, ist jedoch, dass ich bei der einmal getroffenen Entscheidung bleibe.

Ein zentrales Problem der Anlegerpsychologie, das leider zu wenig beachtet wird: Viele Menschen schaden sich finanziell dadurch, dass sie einmal getroffene Entscheidungen zu rasch umstoßen und beispielsweise eine Lebensversicherung kündigen, bevor ein angemessener Rückkaufswert erreicht ist. Oder sie wechseln hektisch zwischen verschiedenen Aktien oder Aktienfonds und schmälern damit ihr Gesamtergebnis. Untersuchungen haben gezeigt, dass selbst bei ausgezeichneten Aktienfonds mit hervorragender Performance viele Anleger Verluste machen, weil sie zu häufig (und dazu noch zu ungünstigen Zeitpunkten) wechseln.

„Hin und Her macht die Taschen leer“

Eine repräsentative Studie der University of California[1], bei der das Verhalten von 35 000 Anlegern untersucht wurde, sollte all jenen zu denken geben, die die hohe Fungibilität einer Geldanlage für einen besonders großen Vorteil halten. Die Studie ergab, dass Frauen eine bessere Performance mit Aktien erzielten als Männer. Der Einzige Grund dafür lag jedoch darin, dass die Frauen ihr Depot viel seltener umschichteten. In einem Zeitraum, in dem Frauen durchschnittlich 20 Transaktionen durchführen, verändern Männer ihr Anlagedepot 29-mal. Alleinlebende Männer schichteten im Laufe eines Jahres 85 % ihres Depots um, weibliche Singles nur 51 %. Der Unterschied machte sich in der Rendite bemerkbar: Single-Frauen konnten den Wert ihres Depots in zwölf Monaten um durchschnittlich 2,3 Prozentpunkte mehr steigern als Single-Männer.

Das interessanteste Ergebnis der Studie war indes: Bei der Auswahl einzelner Aktien sind weibliche und männliche Kleinanleger gleichermaßen schlecht. Für die Mehrzahl der Investoren gilt, dass jene Aktien, die sie verkauft hatten, anschließend deutlich schneller stiegen als jene, die sie stattdessen kauften. Deshalb ist es verständlich, dass der erfolg-

[1] Vgl. DIE WELT vom 23.10.1998, S. 1.

reichste Aktien-Investor, der legendäre Warren Buffett, der nur ganz selten sein Depot verändert, auf die Frage, was er von der jüngsten Entwicklung im Internet-Aktienhandel halte, die Antwort gab: „Wenn das dazu führt, dass die Privatanleger aktiver handeln, werden sie das langfristig bereuen. 99 % der Leute sind nicht fähig, mit aktivem Handel langfristig Geld zu verdienen. Bei jedem Trade wird ein kleines Stückchen herausgebrochen. Wenn das lange genug geschieht, stehen die Menschen bald wie ein Skelett da."[2]

„Hin und Her macht die Taschen leer" – diese Regel gilt nicht nur für den Aktienmarkt. Das Problem: Nicht selten wird ein solches „Hin und Her" von Versicherungsvertretern und Anlageberatern gefördert, die dem Kunden seine bestehende Anlage schlechtreden, um ihm eine „bessere" zu verkaufen. Dabei verdient zwar der Verkäufer eine schöne Provision, aber der Anleger ist oftmals selbst dann geschädigt, wenn die neue Anlage wirklich besser ist.

Ein Beispiel: Wenn ich eine Kapitallebensversicherung nach wenigen Jahren kündige und der Rückkaufswert nicht einmal die Höhe der eingezahlten Beiträge erreicht hat, um wie viel besser muss dann die Performance einer alternativen Anlage sein? Und wie wahrscheinlich ist es, dass die in Aussicht gestellte höhere Endsumme auch wirklich erreicht wird? Solche Fragen stellen sich die Anleger, die von einer Kapitalanlage in die nächste wechseln, leider in den seltensten Fällen.

Die Immobilität als Vorzug der Immobilie

Oft wird argumentiert, der Hauptnachteil der Immobilie sei eben ihre „Immobilität", also die Schwierigkeit, sich kurzfristig wieder von ihr zu trennen. In der Tat ist es wesentlich einfacher, eine Aktie oder den Anteil an einem Aktienfonds zu verkaufen, als eine Immobilie zu veräußern.

Um eine Aktie zu verkaufen, bedarf es eines einzigen Telefonanrufs bei der Bank. Wenn ich eine Immobilie veräußern will, muss ich mich mit dem Markt befassen, eine Anzeige in der Tageszeitung aufgeben, Be-

2 Interview mit Warren Buffett in dem Schweizer Magazin „Bilanz", Mai 1999.

sichtigungen mit potenziellen Käufern durchführen und schließlich einen Notartermin vereinbaren. Das alles dauert Wochen, oft sogar Monate, manchmal gar Jahre. Hinzu kommt: Die Kursgewinne von Aktien oder Aktienfonds kann ich nach einem Jahr steuerfrei mitnehmen, bei der Immobilie muss ich zehnmal so lange warten.

Was auf den ersten Blick als großer Nachteil der Immobilie gegenüber Aktien und anderen Anlageformen erscheint, ist jedoch aus anlegerpsychologischer Sicht ein nicht zu unterschätzender Vorteil.

Das Problem beim Aktienmarkt ist die Börsenpsychologie[3], die den meisten Anlegern immer wieder ein Schnippchen schlägt. Manche Anleger werden nervös, wenn die Aktien fallen, und verkaufen zum ungünstigsten Zeitpunkt, statt eine Kurskorrektur als Gelegenheit zum Nachkaufen zu nutzen. Andere Anleger werden nervös, wenn ihre Aktie steigt, und „nehmen Gewinne mit", während sie die Verluste ins Endlose laufen lassen. Wer kennt nicht den Rat des Börsenaltmeisters André Kostolany, der dem Anleger empfiehlt, eine Aktie zu kaufen und in der nächsten Apotheke dazu eine Packung Schlaftabletten zu besorgen, um dann nach einigen Jahren aufzuwachen und sich über die Gewinne zu freuen? Würden mehr Menschen diesem Ratschlag folgen, hätten auch mehr Menschen mit Aktien Freude. Würden alle Anleger diesem Rat folgen, könnte die Börse allerdings nicht mehr funktionieren, weil diese vom ständigen Auf und Ab und den Transaktionen unzähliger Käufer und Verkäufer lebt. Die Schwierigkeit ist jedoch, diesen Rat in die Praxis umzusetzen. Es bedarf hierfür eines Maßes an Disziplin, welches die meisten Menschen einfach nicht aufbringen. Und in Crash-Situationen bedarf es eines gehörigen Grades an Nonkonformismus, um sich der Panik der Masse zu entziehen und nicht zu verkaufen. Die meisten Anleger sind jedoch weder Nonkonformisten noch überdurchschnittlich disziplinierte Zeitgenossen. Und die meisten Bank- und Anlageberater fördern dieses Verhalten. An einer „buy and hold"-Strategie verdienen sie schließlich kaum etwas. Der Anleger soll sein Depot möglichst häufig umschichten, kaufen und verkaufen, denn daraus kommen die Provisionen, nicht aus dem Halten eines Wertpapiers.

---

[3] Vgl. dazu: Bernhard Jünemann/Dirk Schellenberger (Hrsg.), Psychologie für Börsenprofis. Die Macht der Gefühle bei der Geldanlage, Stuttgart 1997.

Die Immobilität der Immobilie sowie die Tatsache, dass die Informationen über die Wertschwankungen nicht tagtäglich in den Medien veröffentlicht werden, schützen den Anleger vor einem rastlosen Hin und Her. Viele Immobilienbesitzer sind sich nicht einmal der Tatsache bewusst, dass auch der Wert ihrer Wohnung oder ihres Hauses ständigen Schwankungen unterliegt. Wie auf dem Aktienmarkt gibt es auch auf dem Immobilienmarkt Zyklen. Es gibt Zeiten von Wohnungsknappheit, in denen die Mieten, und in der Regel dann auch die Preise, von Wohnungen und Häusern steigen. Dann gibt es Phasen des Überangebots – und die Preise sinken. Auf die Dauer haben Immobilien jedoch, ebenso wie Aktien, an Wert stetig zugenommen, sodass derjenige, der eine „buy and hold"-Strategie verfolgt hat, sicher besser gefahren ist als jemand, der sich von den kurzfristigen Schwankungen nervös machen ließ. Haben Sie aber schon einmal von einem Immobilienbesitzer gehört, der seine Eigentumswohnung einzig und allein aus dem Grund panikartig schnell verkaufte, weil er in der Zeitung las, dass sie fünf Prozent an Wert verloren habe? Erstens werden solche Nachrichten in den Zeitungen nicht oder nur selten verbreitet (während ein Kursrückgang beim DAX um fünf Prozent eine Meldung für die Seite eins ist). Zweitens wäre es gar nicht so einfach für unseren Immobilienbesitzer, seine Eigentumswohnung zu verkaufen. Die Zeit zwischen dem Impuls „Verkaufen" und dem tatsächlichen Verkauf kann im Fall einer Aktie nur wenige Sekunden betragen. Das ist sehr wenig Bedenkzeit. Zwischen dem Impuls „Verkaufen" und dem tatsächlichen Verkauf einer Immobilie liegen dagegen Wochen oder Monate, und damit hat unser Immobilienanleger alle Zeit der Welt, sich die Sache noch einmal gründlich zu überlegen und seine Nerven wieder zu beruhigen.

Schließlich wird ihn schon die steuerliche Seite vor einem übereilten Verkauf schützen, denn wer zu früh verkauft, der muss nicht nur den Veräußerungsgewinn versteuern, sondern auch bereits vorgenommene Abschreibungen werden faktisch wieder rückgängig gemacht. Und wer zu oft verkauft, gilt für das Finanzamt sogar als „gewerblicher Grundstückshändler", was steuerlich fatale Folgen hat – doch dazu mehr in Kapitel 7.

Sind Aktien „immer" die beste Anlage?

Um nicht missverstanden zu werden: Ich möchte kein einseitiges Plädoyer für die Immobilie und gegen die Aktie abgeben. Das Problem bei Aktien ist nur: „Historisch betrachtet, werden Aktien mit schöner Regelmäßigkeit entweder als Investitionsform angenommen oder zum Glücksspiel abgewertet – und dies stets genau zum falschen Zeitpunkt. *Aktien werden voraussichtlich immer dann als kluge und vernünftige Anlage angesehen, wenn sie es gerade nicht sind.*"[4] Dieser kluge Satz, vielleicht der klügste, der je zum Thema Aktien geschrieben wurde, stammt von Peter Lynch, einem der erfolgreichsten Aktienfondsmanager (Fidelity Magellan Fund) aller Zeiten.

Gerade in Deutschland konnten wir die Wahrheit dieses Satzes beobachten: Lange Zeit wurden Aktien vom deutschen Publikum verabscheut. In nur wenigen kapitalistischen Ländern besaßen so wenige Menschen Aktien wie in Deutschland. Dann kam mit der Emission der T-Aktie und der Super-Hausse Ende der neunziger Jahre eine geradezu irrationale Aktien-Euphorie. Deutsch sein, so hat einmal ein kluger Beobachter gesagt, heiße, eine Sache um ihrer selbst Willen zu übertreiben.

„Die Aktienanlage", so konstatierte ein Beobachter in dem 1998 erschienenen Buch mit dem bezeichnenden Titel „Börsenfieber", „wird zum Königsweg für die Vermögensanlage hochstilisiert und der Aktienkauf als Bürgerpflicht verkündet."[5] Die Beobachtung des Autors „Es wird alles gekauft, wo Aktie draufsteht"[6], erscheint vielleicht übertrieben, spiegelt aber zumindest die Stimmung und das Verhalten jener Szene zutreffend wider, die auch Bernd Niquet in seinem ausgezeichneten Buch „Die Generation X am Neuen Markt" beschreibt. Zur Einstimmung der Leserschaft zitiert Niquet aus einer Internet-Anfrage im ConSors Broker Board vom 23. April 1998: „Aufgrund von Empfehlungen im Board habe ich Effektenspiegel Vorzugsaktien gekauft. Jetzt würde ich gerne wissen, in welchem Geschäftsbereich (Branche) die AG überhaupt tätig

[4] Peter Lynch, Der Börse einen Schritt voraus. Wie auch Sie mit Aktien verdienen können, Kulmbach 1997, S. 76, Hervorhebung vom Autor.
[5] Jörg Staute, Börsenfieber, Frankfurt a. M./New York 1998, S. 31.
[6] Ebenda, S. 42.

ist. Über Informationen aller Art wäre ich dankbar, so insbesondere über ein Kursziel für die nächsten 6–12 Monate. Vielen Dank!"[7]

In solchen Übertreibungsphasen haben es alle anderen Anlageformen schwer, gegen die Euphorie der Aktien-Propheten zu argumentieren. „Lebensversicherungen?" Alles Quatsch, nur Aktienfonds eignen sich zur Altersvorsorge! „Immobilien?" Lächerlich: Mit Aktien, beispielsweise am „Neuen Markt", lassen sich viel bessere Ergebnisse erzielen! In solchen Phasen der Aktien-Euphorie haben die Propheten dieser Ideologie natürlich auch jede Menge Charts und statistisches Material an der Hand, welche die Überlegenheit der Aktie beweisen sollen. Dabei wird jedoch vergessen, dass es ganz und gar auf den Zeitraum der Betrachtung ankommt. Auch wenn die Aktien-Gläubigen solche Wahrheiten nicht hören wollen: Wer im Jahr 1929, als es auch hieß, Aktien seien die beste Anlageform überhaupt, US-Aktien erworben hatte, musste immerhin 25 Jahre, nämlich bis 1954 warten, ehe er seine Kursverluste wieder aufgeholt hatte. Wer sein Geld 1990 in japanischen Aktien angelegt hatte, hat seitdem etwa die Hälfte seines Kapitals verloren, ein Sparbuch wäre wesentlich besser gewesen. Und auch wer in Deutschland 1961 Aktien kaufte, der musste bis 1983 warten, ehe die Kurse das damalige Niveau wieder erreicht hatten.

Der Aktienexperte Dirk Schellenberger warnt: „Folgende Sätze gelten heute als akzeptierte, aber nicht ungefährliche ‚Ismen' der Aktienanlage: Aktien steigen langfristig immer, Aktien schlagen langfristig alternative Kapitalanlageformen, und die längerfristige Aktienanlage verringert das Kursrisiko... Es verbietet sich, sehenden Auges in Phasen extremer Überbewertung Aktien im Vertrauen auf langfristige Kurssteigerungen zu kaufen... Kaufen Sie erst wieder, wenn der Zustand der Hoffnungslosigkeit erreicht worden ist, Angst dominiert, Aktien massiv unterbewertet sind und sich ein Aufwärtstrend etabliert hat."[8]

Zwar weiß jeder, dass es mit Aktien nicht immer nur aufwärts geht, aber die meisten Anleger sind sehr einseitig von den Erfahrungen des

---

[7] Zitiert nach: Bernd Niquet, Die Generation X am Neuen Markt. Eine einzigartige Börsengeschichte, Kulmbach 1998, S. 7.

[8] Dirk Schellenberger, „Vor Aktien wird gewarnt!" Über die Risiken einer langfristigen Aktienanlage, in: Aktienkultur und BVH-News, 1998, S. 47–50.

Jahres 1987 geprägt, als es nur eines kurzen Zeitraums bedurfte, um die nach dem Crash erlittenen Verluste zu kompensieren und überzukompensieren. Die Gefahr einer längerfristigen Seitwärtsbewegung, wie wir sie etwa in Japan im vergangenen Jahrzehnt beobachten konnten, wird dagegen verdrängt. Zwar ist die Aussage, dass man mit Aktien, wenn man sie lange genug hält, nur gewinnen kann, nicht ganz unrichtig, doch bedarf es auch hier einiger Relativierungen. In einem bemerkenswerten Aufsatz, der im Juni 1997 in der Zeitschrift „Forbes“ erschien („History, as written by the winners“) zeigt Philip E. Ross, dass diese Aussage einseitig auf der Analyse und den Erfahrungen der angelsächsischen Märkte beruht und in dieser Form keineswegs verallgemeinerungsfähig ist.[9]

Solche differenzierenden Betrachtungen haben indes in Zeiten der allgemeinen Aktien-Euphorie wenig Chancen, Gehör zu finden. Bernd Niquet beschreibt in seinem bereits zitierten Buch über die „Generation X“ jene Stimmung, die – zumindest in einer bestimmten Szene – Ende der neunziger Jahre in Deutschland herrschte. Die euphorische Goldgräberstimmung war verständlich, wenn Menschen, die überhaupt keine Ahnung von Aktien hatten, ihr eingesetztes Kapital in wenigen Monaten vervielfachen konnten – besonders die Werte des Neuen Marktes oder auch Internet-Aktien machten dies möglich.

Wer etwa am Neuen Markt Werte wie EM.TV oder Mobilcom kaufte, erlebte Kursexplosionen, wie man sie bis dahin in Deutschland nicht gekannt hatte. Internet-Aktien wie Yahoo! erzielten Kursgewinne von mehreren tausend Prozent, und ein Aktienfonds, der primär auf die spekulativen Werte am Neuen Markt und an der amerikanischen Nasdaq setzte, der von Bernd Förtsch gemanagte DAC Fonds UI, legte allein im Jahr 1998 138 % zu.

Da ist natürlich ein Jahr wie 1999 im Grunde das denkbar ungünstigste, um die langfristigen Zuwächse bei Aktien und Immobilien zu vergleichen, denn während die Aktienmärkte Ende der neunziger Jahre boomten, befand sich der Immobilienmarkt bekanntlich in einer Krise.

---

[9] Philip E. Ross, History, as written by the winners, in: „Forbes“ vom 16. Juni 1997, S. 206–214.

Was aus 100 000 DM wurde

Eine Analyse des Kapitalanlage-Spezialisten und Finanzmathematikers Dr. Wolfram Türschmann[10] zeigt jedoch, dass die bessere Performance von Aktien gegenüber Immobilien nur für die Jahre ab 1997 gilt. Über mehr als drei Jahrzehnte, nämlich bis zum Jahr 1996, schnitten Immobilien besser ab als Aktien.

Die Berechnung verglich folgende Anlageformen: Geld (öffentliche Anleihen), Aktien (DAX und FAZ-Index), Immobilien und Gold. Ausgangspunkt der Analyse war die Frage, was aus 100 000 Mark wurde, die der Anleger im Jahr 1963 angelegt hatte. Die Geldentwertung wurde berücksichtigt und für die alternativen Kapitalanlagen die Entwicklung des realen Wertes, also nach Abzug der Inflationsrate, berechnet. Weitere Prämissen der Berechnung: Der Anleger zahlt 50 % Steuern auf die Erträge seiner Anlage, die Wiederanlage der Erträge nach Steuern erfolgt in der jeweiligen Anlageart.

Die Ergebnisse (siehe auch Grafik, S. 22: Was wurde aus 100 000 DM?): Verlierer unter den Anlageformen ist die Geldanlage, die nur ihren realen Wert erhalten konnte, wenn man die Preissteigerungen berücksichtigt. Langfristig, so zeigt die Untersuchung, lohnen sich nur Aktien- und Immobilienanlagen.

In der Untersuchung wurde zur Bewertung einmal der DAX und dann auch der FAZ-Index herangezogen. Der FAZ-Index ist an sich aussagekräftiger für einen solchen Vergleich als der DAX, weil hier nur die kapitalstärksten Unternehmen aufgenommen werden, während die sich schwach entwickelnden aus dem DAX ausgesondert werden. Gleichwohl: Heute kann man Indexzertifikate auf den DAX für eine Laufzeit von zehn Jahren erwerben und damit an der Entwicklung dieser Unternehmen partizipieren.

Für die Immobilien wurde bei der Berechnung der jährliche Netto-Mietertrag von 4 % (vermindert um die Einkommen- und Vermögensteuer) in Immobilien zu Preisen des jeweiligen Jahres wieder angelegt. Dabei

---

[10] Die Berechnung von Dr. W. Türschmann, Spar- und Anlageberatung, Bad Homburg, liegt dem Autor vor. Ich danke Herrn Türschmann, dass er mir die Berechnung und ihre methodischen Prämissen zur Verfügung gestellt hat.

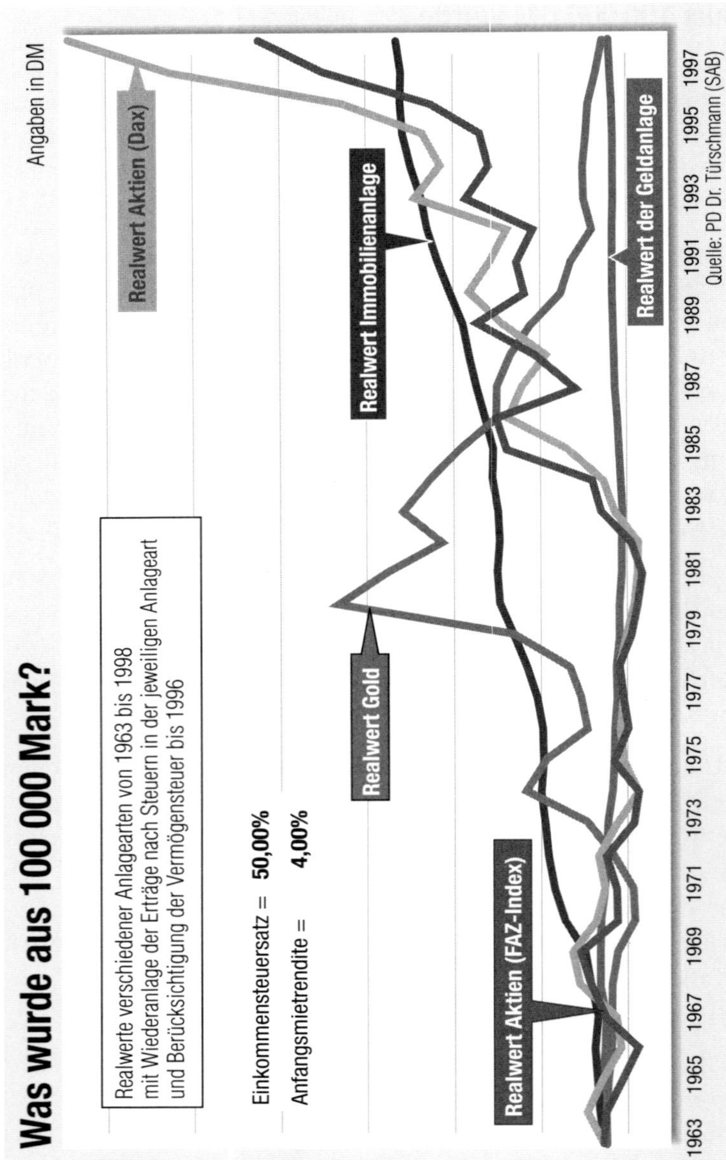
Was wurde aus 100 000 Mark?
Realwerte verschiedener Anlagearten von 1963 bis 1998 mit Wiederanlage der Erträge nach Steuern in der jeweiligen Anlageart und Berücksichtigung der Vermögensteuer bis 1996
Einkommensteuersatz = 50,00%
Anfangsmietrendite = 4,00%
Angaben in DM
560 000
480 000
400 000
320 000
240 000
160 000
80 000
1963
1965
1967
1969
1971
1973
1975
1977
1979
1981
1983
1985
1987
1989
1991
1993
1995
1997
Realwert Aktien (Dax)
Realwert Immobilienanlage
Realwert der Geldanlage
Realwert Gold
Realwert Aktien (FAZ-Index)
Quelle: PD Dr. Türschmann (SAB)

hat der Finanzmathematiker Türschmann konservativ gerechnet, weil er den gesamten Steuervorteil aus der AfA von 2 % zum Erhalt der Anlage eingesetzt hat. Das heißt: Faktisch erfolgte die Rechnung so, als habe es in Deutschland niemals Steuervorteile für Immobilien gegeben. In Wirklichkeit sind jedoch gerade gutverdienende Anleger mit Immobilien noch viel besser gefahren, als die Berechnung zeigt. Denn eine Immobilienanlage lohnt sich in Deutschland nur sehr bedingt unter dem Aspekt der Rendite vor Steuern. Interessanter ist da schon der Wertzuwachs der Immobilie.

Aber der Rendite-Turbo, der bei der Berechnung unberücksichtigt blieb, rührte aus den verschiedenen Steuervorteilen: degressive Abschreibung für Neubauten oder die Sonderabschreibung der neunziger Jahre für die neuen Bundesländer und vielfältige andere steuerliche Vergünstigungen und staatliche Förderungen. Natürlich sind diese Steuervorteile schwer in einer langfristigen Betrachtung zu berücksichtigen, da sich die steuerlichen Rahmenbedingungen und Abschreibungssätze immer wieder geändert haben und die Nach-Steuer-Rendite von dem jeweiligen zu versteuernden Einkommen eines Anlegers abhängt. Würde man die Rendite nach Steuern für einen gutverdienenden Anleger berechnen, der die jeweiligen Steuervorteile für Immobilien bei seinen Anlageentscheidungen für sich genutzt hat, würde diese mit Sicherheit höher ausfallen als bei allen anderen Kapitalanlagen – einschließlich Aktien.

Es ist jedoch aufschlussreich, dass selbst ohne Berücksichtigung dieses steuerlichen Effektes die Immobilienanlage bis 1996 immer die Aktienanlage geschlagen hat, sodass es unzulässig ist, Aussagen über die Performance beider Anlagen ausschließlich aus der Entwicklung der letzten Jahre abzuleiten.

Wie verfehlt eine Betrachtung ist, die nur einige Jahre herausgreift, zeigt ein Blick auf die Entwicklung des Goldes: Bis zum Jahr 1985 schlug das Gold über mehr als zwei Jahrzehnte alle anderen Anlagen. 1980 konnten sich Goldbesitzer zu Recht als Könige fühlen, aber seitdem hat das Gold ständig an Glanz verloren.

Die Alternative „Aktien oder Immobilien“ ist jedenfalls eine Scheinalternative, denn beide Sachwertanlagen ergänzen sich idealerweise. Und wirkliche Aktienprofis gehören selten zu den „Alles nur Aktien“-Propheten, die in Hausse-Zeiten ihre Sicht lautstark in den Medien verkünden. „Selbst unter Börsen-Experten", so schreibt der bereits zitierte Peter Lynch, „gilt ein Haus als hervorragende Wertanlage. Bevor Sie also damit anfangen, in Aktien zu investieren, sollten Sie den Kauf eines Hauses in Betracht ziehen, denn schließlich handelt es sich um dasjenige Investment, bei dem fast jeder erfolgreich ist."[11] Und als Grund gibt Lynch genau den Faktor an, den wir hier betont haben, nämlich den vermeintlichen Nachteil der Immobilität der Immobilie: „Wie bei Aktien verdient man mit Häusern dann am meisten, wenn man sie möglichst lange behält. Anders als Aktien gehören Häuser aber in der Regel auch für mehrere Jahre derselben Person."[12]

Vor jeder Entscheidung über eine Kapitalanlage sollten Sie folgende Punkte überprüfen: Wie sicher ist diese Anlage? Wie einfach ist es, die Kapitalanlage wieder in Bargeld umzuwandeln? Wie sieht es mit dem Inflationsschutz aus? Wie viel Zeit muss ich damit verbringen, mich um die Anlage zu kümmern? Wie wirkt sich diese Anlage auf meine steuerliche Situation aus? Und schließlich natürlich: Wie hoch ist die Rendite? Alles zusammen bekommt man nicht. Natürlich hätte jeder Anleger am liebsten eine Kapitalanlage, die 100 % sicher ist, tagtäglich in Bargeld verwandelt werden kann, eine maximale Rendite erwirtschaftet, hervorragende Steuervorteile bringt und um deren Verwaltung er sich nicht kümmern muss. Freilich weiß auch jeder, dass es solche Anlagen nicht gibt. Faktoren wie Sicherheit und Rentabilität stehen in einem Spannungsverhältnis, denn eine höhere Verzinsung ist letztendlich nichts anderes als eine Entschädigung für ein (wirklich oder in den Augen der meisten Anleger vermeintlich) höheres Risiko.

Dass Immobilien eine sehr sichere Anlage sind, ist unstrittig. Dass sie in steuerlicher Hinsicht – auch nach den im März 1999 beschlossenen Verschlechterungen – äußerst vorteilhaft sind, wird ebenfalls nicht bestritten. Inflationsschutz bieten beide Anlageformen, denn es handelt sich bei Aktien und Immobilien um Sachwertanlagen, die von der Inflation sogar profitieren. Besonders Immobilienanleger, die ihre Investition zu

[11] Peter Lynch, Der Börse einen Schritt voraus. Wie auch Sie mit Aktien verdienen können, Kulmbach 1997, S. 82.
[12] Ebenda, S. 84.

einem hohen Teil fremdfinanziert haben, freuen sich geradezu über eine möglichst hohe Inflationsrate.

Als Nachteile der Immobilie im Vergleich zur Aktie werden häufig die mangelnde Fungibilität sowie der Zeitaufwand für die Verwaltung angeführt. Was das erste Argument anbelangt – das übrigens für einige Investitionsformen wie offene Immobilienfonds oder Immobilien-Aktien gar nicht zutrifft – so habe ich begründet, warum ich diesen vermeintlichen Nachteil aus anlegerpsychologischer Sicht für einen großen Vorteil halte.

Was den Zeitaufwand anbelangt, so sind Aktien oder Aktienfonds sicherlich „bequemer". Aber dies trifft nur für denjenigen zu, der wirklich konsequent eine „buy and hold"-Strategie verfolgt und der die Nervenstärke besitzt, sich nicht dauernd mit seinen Investments zu beschäftigen. Für die meisten Aktienanleger trifft dies nicht zu. Sie verbringen oft viele Stunden in der Woche (ja oftmals sogar viele Stunden täglich) damit, die neuesten Börsenbriefe zu studieren, die Telebörse bei n-tv zu verfolgen oder im Internet mit anderen Anlegern zu kommunizieren. Umgekehrt muss ein Immobilienanleger, der eine gute Hausverwaltung ausgewählt hat, höchstens einmal im Jahr zur Wohnungseigentümerversammlung gehen und braucht sich sonst nicht mit seiner Immobilie zu beschäftigen. Wer nicht den Weg des Direktinvestments wählt, sondern einen geschlossenen Immobilienfonds erwirbt, dem werden die Verwaltungstätigkeit und viele andere Arbeiten (so etwa die Errechnung der Höhe der steuerlichen Ergebnisse) ohnehin von der Fondsverwaltung abgenommen.

Die vorangestellten Überlegungen zeigen, dass viele Argumente, die einseitig für die Aktie und gegen die Immobilie ins Feld geführt werden, nur auf den ersten Blick überzeugen. Kluge Anleger werden sich nicht im Sinne eines „Entweder-oder" zwischen Aktien und Immobilien entscheiden. Die Frage, ob man sein Geld in Aktien oder Immobilien anlegen soll, ist nicht besonders sinnvoll. Sinnvoller ist die Frage, unter welchen konkreten Bedingungen welche konkreten Argumente für eine ganz konkrete Investition sprechen.

In der überhitzten Endphase einer Aktien-Hausse sollte man mit Engagements in Aktien sicherlich zurückhaltend sein, während antizyklisch orientierte Anleger in Crash-Situationen hervorragende Einstiegschancen sehen. Auch der Immobilienanleger wird in der Regel mit einer antizyklischen Strategie besser fahren. Eine Situation, in der Mieten und Kaufpreise zurückgehen, bietet jedenfalls für den langfristig orientierten Anleger meist bessere Chancen als eine Phase der Immobilien-Euphorie, wie wir sie etwa kurz nach der Wiedervereinigung in Ostdeutschland und Berlin erlebt haben.

Situationen, in denen es außergewöhnliche steuerliche Vergünstigungen gibt und zugleich die Hypothekenzinsen sehr niedrig sind, können ein Anlass sein, über ein Immobilien-Investment nachzudenken. Die Entscheidung über einen ganz konkreten Kauf hängt indes von anderen Faktoren ab.

Prüfen Sie selbst:
Wie viel Prozent meines Geldes habe ich in Aktien angelegt, wie viel Prozent meines Geldes in Immobilien, wie viel Prozent meines Geldes in festverzinslichen Anlagen? Wie haben sich diejenigen Aktien bis heute entwickelt, die ich in den letzten Jahren verkauft habe, wie haben sich jene Aktien entwickelt, die ich behalten habe? Welches waren die Anlässe und Gründe, wenn ich mein Aktiendepot umgeschichtet oder meine Versicherung gekündigt habe?

2 Selbst einziehen oder vermieten?

Wohl jeder träumt von den „eigenen vier Wänden". Aber in Deutschland haben sich bislang nur etwa 42 % diesen Traum erfüllt. Damit ist Deutschland das Schlusslicht unter den EU-Staaten. Eigentlich ist das verwunderlich, denn der Kauf einer Immobilie gilt ja als konservative Investition, und damit würde sie zu den Deutschen passen, die in ihrem Anlageverhalten in den letzten Jahrzehnten sehr viel sicherheitsorientierter waren als beispielsweise die Angelsachsen. Warum setzten die Deutschen aber bei ihrer Altersvorsorge eher auf die Lebensversicherung als auf die Immobilie, die doch ebenfalls ein vergleichsweise sicheres Investment darstellt? Ein wesentlicher Grund dafür ist, dass es für viele Menschen einfach günstiger ist zu mieten, als eine Wohnung oder ein Haus zu kaufen.

Von einem Wohnungsmarkt kann man in Deutschland nur in sehr eingeschränktem Maße sprechen, denn dieser „Markt" ist überreguliert. Eine mieterfreundliche Gesetzgebung und Rechtsprechung und der hoch subventionierte soziale Wohnungsbau der Nachkriegszeit haben dazu geführt, dass Mieten in Deutschland vielfach günstiger ist als Kaufen.

Steuerlich lohnen sich eher vermietete Immobilien

Hinzu kommt die steuerliche Seite. Wenn Sie als Kapitalanleger eine Eigentumswohnung erwerben und vermieten, können Sie die Schuldzinsen und die Kosten für Reparaturen als Werbungskosten geltend machen. Außerdem kommen Sie in den Genuss zahlreicher steuerlicher Vergünstigungen. Sie können den Wert des Gebäudes mit mindestens 2 % abschreiben, oft gibt es aber darüber hinausgehende erhöhte Abschreibungen oder Sonderabschreibungen, dazu mehr in Kapitel 5.

Für den Besitzer einer selbst genutzten Immobilie sieht die Sache anders aus. Er erhält nur die so genannte Eigenheimförderung. Die Grundförderung beträgt bei Neubauten 5000 DM (für acht Jahre) und bei gebrauchten Immobilien 2500 DM (ebenfalls für acht Jahre). Dazu kommen noch ein Baukindergeld von 1500 DM pro Kind sowie einige Förderprogramme der Länder (zum Beispiel verbilligte Darlehen). Und nicht einmal diese spärliche Förderung erhält jeder, denn beim Überschreiten von bestimmten Einkommensgrenzen wird die Eigenheimzulage nicht gewährt. Außerdem: Wer schon einmal im Leben gefördert wurde, der bekommt später keine zweite Förderung mehr, weil bei ihm so genannter „Objektverbrauch" eingetreten ist.

Natürlich fällen viele Menschen die Entscheidung für eine selbst genutzte oder eine fremd vermietete Wohnung nicht mit dem Taschenrechner. Hier geht es oft mehr um Emotionen als um eine ökonomisch begründete Anlageentscheidung. Hiergegen ist auch nichts einzuwenden. Schließlich wäre es schlimm, wenn wir alle Entscheidungen unseres Lebens nur nach der kühlen Ratio eines „homo oeconomicus" treffen würden.

Andererseits geht es bei einer solchen Entscheidung um eine Menge Geld. Deshalb sollte zu der gefühlsmäßigen Entscheidung immer auch eine präzise Rechnung und Abwägung der wirtschaftlichen und steuerlichen Argumente hinzukommen, die bei der Entscheidung einbezogen werden müssen.

Diese Rechnung kann je nach der konkreten Situation des Einzelnen sehr verschieden ausfallen:

Beispiel:
Herr Müller verdient brutto 60 000 DM im Jahr. Er hat drei Kinder, seine Frau ist nicht berufstätig. Er macht eines Tages eine größere Erbschaft und verfügt auf einmal über ein Kapital von 700 000 DM. Nun steht er vor der Entscheidung, wie er dieses Kapital sinnvoll anlegen soll. 120 000 DM legt er in festverzinslichen Wertpapieren an, damit hat er zusammen mit seiner Frau aber schon fast die Grenze des Sparerfreibetrages überschritten. Darüber hinausgehende Zinseinkünfte müsste er versteuern.

Für ihn könnte es eine sinnvolle Entscheidung sein, sich für 500 000 DM sein Traumhaus zu kaufen, damit er künftig mietfrei wohnen kann. Denn die gesparte Miete ist die einzige steuerfreie Ausschüttung, die es in Deutschland gibt. Die eigen genutzte Immobilie ist somit, wie Professor Johann Eekhoff vom Institut für Wohnungswirtschaft der Universität Köln betont, eine Steueroase im Hochsteuerland Deutschland. Das ist freilich nur für denjenigen relevant, der den Sparerfreibetrag schon ausgeschöpft hat.

Vor allem sollte man beim Kauf einer eigen genutzten Wohnung oder eines eigenen Hauses über genügend Eigenkapital verfügen. Denn anders als bei einer vermieteten Immobilie als Kapitalanlage kann man die Zinsen, die an die Bank zu zahlen sind, nicht steuerlich geltend machen.

Für Herrn Müller kommt als Argument noch hinzu, dass er durch die Kombination von Eigenheimzulage, Kinderzulage und verschiedenen Ökozuschüssen acht Jahre lang etwa 10 000 DM vom Staat dazubekommt, sodass ihn sein eigenes Haus statt 500 000 DM eigentlich nur 420 000 DM kostet.

Zudem hat Herr Müller vorher sehr teuer zur Miete gewohnt und sich jeden Monat über die hohe Miete geärgert, während er jetzt ein Angebot für den Kauf eines Hauses bekommt, das sehr günstig ist. Da Herr Müller Fliesenleger von Beruf ist und sein Bekanntenkreis ebenfalls viele Handwerker umfasst, kann er auch viele der notwendigen Modernisierungs- und Instandhaltungsarbeiten selbst bzw. mit Hilfe seiner Freunde ausführen.

Zur Miete wohnen und Immobilien vermieten

Ganz anders ist die Situation für Herrn Schmidt, der leitender Angestellter in einem großen Unternehmen ist. Herr Schmidt ist mit 35 Jahren beruflich erfolgreich und verdient jedes Jahr 240 000 DM. Gespart hat er allerdings nicht viel, weil er nach seinem Studium und dem Beginn seiner Berufstätigkeit erst einmal seine Wohnung schön eingerichtet, sich ein Auto gekauft und verschiedene Konsumwünsche erfüllt hat, auf deren Erfüllung er während seines Studiums verzichten musste. Weil Herr Schmidt ledig ist, ist er in der höchsten Steuerprogression. Jeden Monat bleibt deutlich weniger als die Hälfte von seinem Bruttogehalt übrig. Deshalb überlegt er, ob es nicht sinnvoll sei, eine vermietete Eigentumswohnung zu erwerben, weil er gehört hat, dass er damit auch seine Steuerlast senken kann. Zudem liegt die angebotene Wohnung in einer Lage, die Herr Schmidt aus eigener Kenntnis für vielversprechend hält, sodass er sich deutliche Wertsteigerungen für die Zukunft verspricht. Die Mietrendite vor Steuern beträgt zwar nur 3 %, aber die Steuervorteile und die Aussicht auf Wertsteigerungen lassen den Kauf attraktiv erscheinen.

Herr Schmidt hat sich auch überlegt, vielleicht ein eigenes Haus zu kaufen. Aber da er aus der Sicht des Fiskus „zu viel" verdient, bekommt er keinen Pfennig Eigenheimzulage, geht also bei der staatlichen Förderung leer aus. Und da er nur 40 000 DM gespart hat, müsste er fast den ganzen Kaufpreis finanzieren, ohne jedoch die Zinsen absetzen oder Abschreibungen vornehmen zu können. Deshalb entscheidet sich Herr Schmidt für die vermietete Wohnung als Kapitalanlage und will sich seinen Wunsch nach den eigenen vier Wänden erst in späteren Jahren erfüllen, vielleicht dann, wenn er einige Wohnungen gekauft und später dann mit Gewinn verkauft hat.

Die Beispiele von Herrn Müller und Herrn Schmidt zeigen, dass die unterschiedliche individuelle wirtschaftliche und steuerliche Situation dazu führt, die Frage „eigen genutzte Wohnung oder Kapitalanlage?" in beiden Fällen auch unterschiedlich zu beantworten.

In der Regel ist es für denjenigen, der nicht so viel verdient, aber viel Eigenkapital angespart hat (das ist gar nicht so selten, wie man denkt!) und die staatliche Förderung für eigen genutzte Immobilien bislang noch nicht in Anspruch genommen hat, eine Überlegung wert, möglicherweise eine Immobilie zur Selbstnutzung zu erwerben. Derjenige, der viel verdient und wenig gespart hat (auch dies ist viel häufiger der Fall, als man annehmen sollte!) und der auch keine Eigenheimförderung bekommt, ist in der Regel besser beraten, sich zunächst eine fremd vermietete Immobilie als Kapitalanlage zu kaufen.

Allerdings sollte jeder, der eine eigen genutzte Immobilie erwerben will, trotzdem sehr genau rechnen. Wer für ein gleichwertiges Objekt mehr Zinsen an die Bank bezahlen muss, als er im Moment Miete zahlt, sollte sich die Sache noch einmal genau überlegen. Das Argument „schließlich gehört mir die Wohnung dafür irgendwann einmal selbst" kann nicht überzeugen. Denn dies betrifft ja nur die Summe, die er monatlich tilgt. Die Tilgung muss bei einem solchen Vergleich aber außer Acht bleiben.

Andererseits ist es unzulässig, einfach nur die Miete mit den Zinsen zu vergleichen, die man an die Bank zahlt. Denn der Eigentümer hat neben den Zinsen auch Kosten für die Instandhaltung seiner Wohnung zu bezahlen und muss auch einige andere Kosten selbst tragen, für die zur Zeit sein Vermieter aufkommen muss (man nennt diese Kosten die nicht umlagefähigen Nebenkosten).

Wer die Zahlen nüchtern vergleicht, wird möglicherweise feststellen, dass die Entscheidung für eine selbst genutzte Immobilie rein wirtschaftlich gesehen nicht unbedingt sinnvoll ist. Aber auch der emotionale Wunsch nach den „eigenen vier Wänden" wird oftmals relativiert, wenn man sich eine Eigentumswohnung und nicht ein eigenes Haus kauft. Denn dem Besitzer einer Eigentumswohnung gehört viel weniger, als er denkt. Die Masse des Hauses gehört der Gemeinschaft. Gemeinschaftseigentum sind unter anderem die Außenwände, sämtliche tragenden Wände, die gemeinsamen Ver- und Entsorgungsleitungen, das Dach und alle Treppenauf- und -abgänge zu den einzelnen Wohnungen. Über dieses Eigentum entscheidet der Besitzer einer Eigentumswohnung keineswegs allein, sondern vielmehr die Eigentümergemeinschaft. Deren Rechte gehen oft so weit, dass der Besitzer einer Wohnung nicht einmal die Farbe seiner Markise frei wählen darf. All dies muss natürlich keineswegs gegen den Kauf einer selbst genutzten Immobilie sprechen, aber man sollte sich diese Argumente vor Augen führen, bevor man eine Entscheidung fällt.

Auf der „Plus"-Seite der Entscheidungsfindung steht dagegen die Erfahrung, dass beim Kauf einer selbst genutzten Immobilie viel weniger Fehler gemacht werden als beim Kauf einer Immobilie als Kapitalanlage. Fast alle Fehler, die Kapitalanleger beim Erwerb einer vermieteten Eigentumswohnung machen, werden von den Käufern einer selbst genutzten Immobilie vermieden. Oder haben Sie beispielsweise schon einmal gehört, dass sich jemand eine Wohnung, in die er selbst einziehen will, gekauft hat, ohne diese vorher mehrmals zu besichtigen und mit anderen Alternativen zu vergleichen? Auch wird sich jeder Käufer einer eigen genutzten Immobilie eingehend mit der Qualität der Verkehrsverbindung, den Einkaufsmöglichkeiten, dem Grundriss der Wohnung und der Zusammensetzung der Mieterschaft beschäftigen.

Sie werden sagen: Auch der Kapitalanleger sollte all dies tun und unbedingt berücksichtigen. Das stimmt. Leider ist dem aber oft nicht so, wie die Erfahrung zeigt. Deshalb ist das nächste Kapitel für Käufer von eigen genutzten Wohnungen im Grunde nicht so wichtig, denn diese machen in der Regel nur ein Zehntel der Fehler, die Kapitalanleger begehen.

Übrigens: Wäre es nicht sinnvoller, wenn der Staat den Kauf einer eigen genutzten Wohnung steuerlich stärker fördern würde? Dies wäre der einfachste Weg, um die Eigentumsquote in Deutschland stark zu erhöhen. Denn es ist ja eigentlich paradox, dass gerade diejenigen Bürger, die aufgrund ihres Einkommens am ehesten in der Lage wären, sich den Traum von den eigenen vier Wänden zu erfüllen, oftmals besser beraten sind, zur Miete zu wohnen und dafür Immobilien als Kapitalanlage zu erwerben. Gerade hierdurch kommen viele Fehllenkungen von Kapital und unsinnige Investitionen zustande, was nicht nur für die Investoren, sondern auch für die gesamte Volkswirtschaft schädlich ist.

Ich spreche jeden Tag mit Profis aus der Immobilienbranche und frage diese immer auch, ob sie selbst zur Miete wohnen oder in den eigenen vier Wänden. Unlängst sagte mir der Inhaber eines Immobilienunternehmens: „Ich wohne mit meiner Familie in einem Haus, das etwa zwei Millionen Mark kostet, zahle aber nicht 12 000 DM Miete, sondern nur die Hälfte. Warum sollte ich da kaufen?“ So rechnen viele „Besserverdiener“, die die Logik unseres Steuer- und Mietrechts davon abhält, in die „eigenen vier Wände“ zu investieren.

„empirica“-Studie: Warum sich Eigentum lohnt

Andererseits ist es einseitig, die Frage, ob Mieten oder Kaufen günstiger sei, nur unter dem Aspekt der Anfangsbelastung zu beurteilen. Eine im Mai 1999 veröffentlichte Untersuchung des renommierten empirica-Instituts[13], die auf der Auswertung von Erhebungen des Statistischen Bundesamtes für 45 000 Haushalte beruht, zeigt, dass Tilgungssparen, Zins- und Nebenkosten zusammen eine Belastung von Eigentümern durch Wohnkosten ergibt, die (im Altersquerschnitt) für 10 bis 15 Jahre deutlich oberhalb des Niveaus der Mieterhaushalte liegt. Da die Daten dieser Untersuchung auf der letzten zugänglichen Erhebung (bis 1993)

[13] Vgl. hierzu auch die Darstellung im Immobilienteil der WELT AM SONNTAG vom 30. Mai 1999 und in der WELT vom 26. Juni 1999. Ich danke sehr Herrn Harald Simons vom empirica-Institut, der mir die Ergebnisse der Studie zur Verfügung gestellt hat und mit dem ich die methodischen Prämissen erörtern konnte.

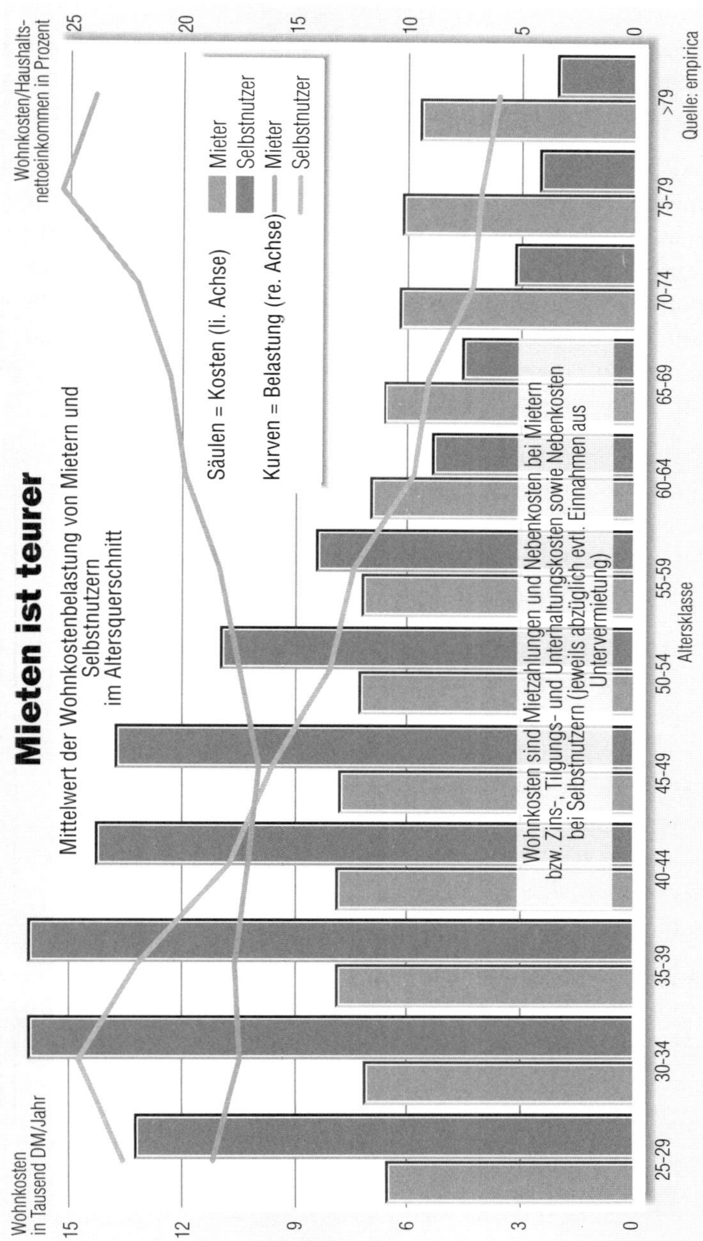
Mieten ist teurer
Mittelwert der Wohnkostenbelastung von Mietern und Selbstnutzern im Altersquerschnitt
Wohnkosten in Tausend DM/Jahr
Wohnkosten/Haushaltsnettoeinkommen in Prozent
Säulen = Kosten (li. Achse)
Kurven = Belastung (re. Achse)
Mieter
Selbstnutzer
Mieter
Selbstnutzer
Wohnkosten sind Mietzahlungen und Nebenkosten bei Mietern bzw. Zins-, Tilgungs- und Unterhaltungskosten sowie Nebenkosten bei Selbstnutzern (jeweils abzüglich evtl. Einnahmen aus Untervermietung)
0
3
6
9
12
15
0
5
10
15
20
25
25-29
30-34
35-39
40-44
45-49
50-54
55-59
60-64
65-69
70-74
75-79
>79
Altersklasse
Quelle: empirica

basieren[14], würde sich das Ergebnis allerdings heute zugunsten der Eigentümer verschieben, weil die Hypothekenzinsen seitdem erheblich gesunken sind, sodass die Zinsbelastung für Eigentümer geringer ist, als sie es bei den dieser Untersuchung zugrunde liegenden Daten war.

Wichtig ist jedoch – und dies belegt die empirica-Studie: Im Altersquerschnitt dreht sich die Relation. Wer im Rentenalter in einer entschuldeten Immobilie wohnt, der muss nur etwa 5 bis 10 % seines Einkommens für Wohnkosten ausgeben. Ganz anders stellt sich die Situation für denjenigen dar, der auch noch im Alter zur Miete wohnt: Mindestens jede fünfte Mark, oftmals aber ein Viertel des Einkommens, muss er für die monatliche Mietzahlung abzwacken (siehe Grafik S. 33: Mieten ist teurer).

Die empirica-Studie zeigt auch, dass Immobilieneigentümer im Alter zwischen 60 und 64 Jahren etwa zehnmal soviel Vermögen besitzen wie Mieter. Während Immobilieneigentümer über etwa eine halbe Million DM verfügen, sind es bei Mietern nur 51 000 DM (siehe Grafik S. 35: Vermögensaufbau mit Immobilien).

Der Einwand liegt nahe, diese Diskrepanz lasse sich daraus erklären, dass eher die besserverdienenden und vermögenden Personen Immobilien kaufen, sodass der Kauf der Immobilie nicht die Ursache, sondern die Wirkung der besseren Vermögenssituation sei. Dieses Argument erklärt den Umstand jedoch nur zum Teil. Die empirica-Untersuchung zeigt, dass auch Personen mit mittlerem und geringem Einkommen häufig Wohneigentum erwerben, allerdings im Schnitt erst etwa zehn Jahre später als die Personen aus gehobenen Einkommensschichten.

Auch Personen mit gleichem Haushaltsnettoeinkommen verfügen im Alter über deutlich mehr Vermögen, wenn sie in jüngeren Jahren eine Immobilie erworben haben. So besitzen Immobilieneigentümer im Alter zwischen 55 und 59 Jahren und einem Einkommen zwischen 4000 und

---

[14] Der Datensatz wird alle fünf Jahre vom Statistischen Bundesamt erhoben. Die empirica-Studie basiert auf den Datensätzen der Jahre 1978 bis 1993. Aktuellere Werte liegen leider noch nicht vor. Die rund 45 000 erhobenen Haushalte sind repräsentativ für die Gesamtbevölkerung, wobei die oberen zwei Prozent der Einkommen nicht erfasst werden, um extreme statistische Verzerrungen zu vermeiden.

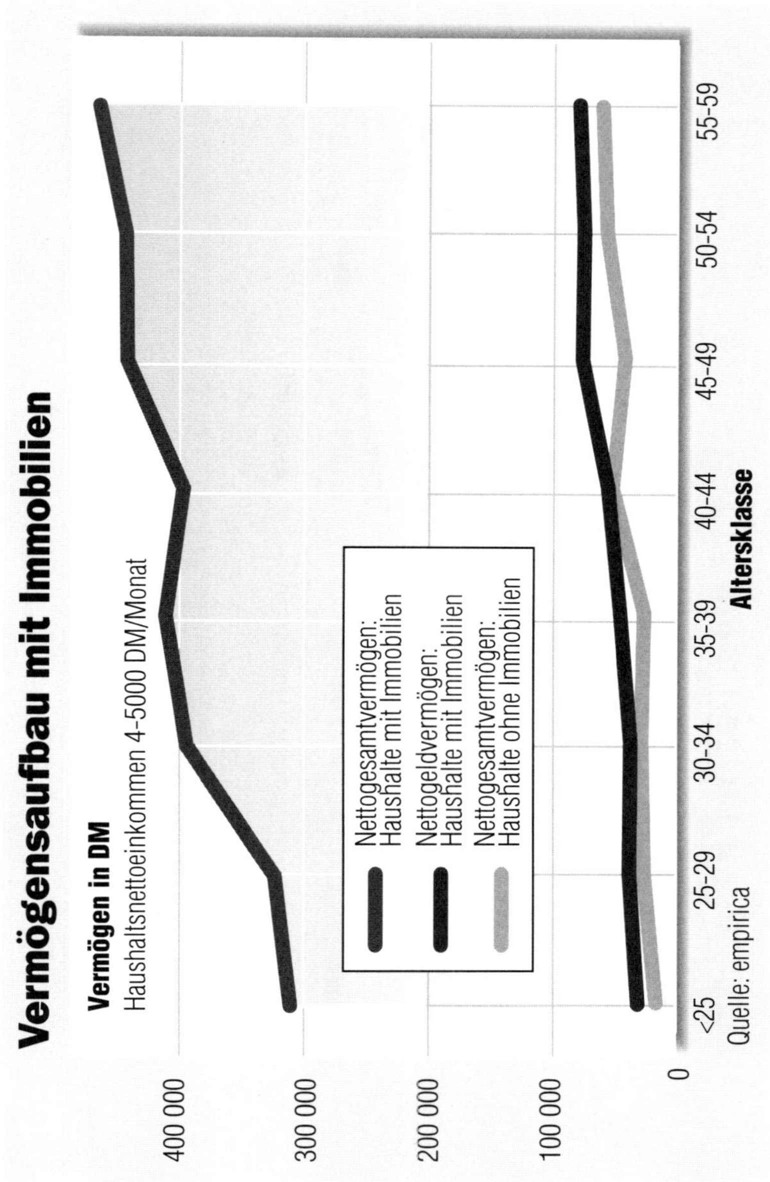
Vermögensaufbau mit Immobilien
Vermögen in DM
Haushaltsnettoeinkommen 4-5000 DM/Monat
400 000
300 000
200 000
100 000
0
<25
25-29
30-34
35-39
40-44
45-49
50-54
55-59
Altersklasse
Nettogesamtvermögen: Haushalte mit Immobilien
Nettogeldvermögen: Haushalte mit Immobilien
Nettogesamtvermögen: Haushalte ohne Immobilien
Quelle: empirica

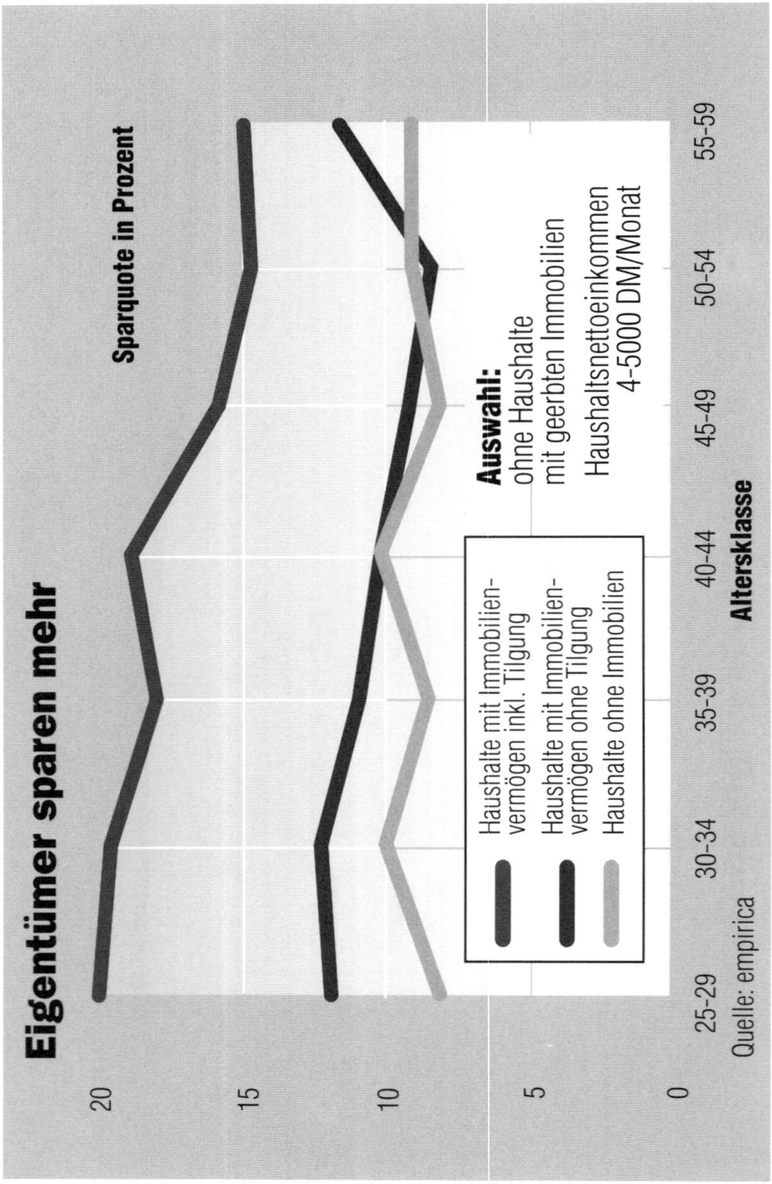
Eigentümer sparen mehr
Sparquote in Prozent
20
15
10
5
0
25-29
30-34
35-39
40-44
45-49
50-54
55-59
Altersklasse
Quelle: empirica
Haushalte mit Immobilien-vermögen inkl. Tilgung
Haushalte mit Immobilien-vermögen ohne Tilgung
Haushalte ohne Immobilien
Auswahl:
ohne Haushalte
mit geerbten Immobilien
Haushaltsnettoeinkommen
4-5000 DM/Monat

5000 DM neben dem Nettowert ihres Objektes (357 000 DM) ein durchschnittliches Nettogeldvermögen von 80 000 DM. Mieter in dieser Einkommensgruppe besitzen dagegen nur 64 000 DM und haben keine Immobilie.

Der Hauptgrund für die beschriebene Diskrepanz in den Vermögensverhältnissen von Mietern und Immobilieneigentümern ist in einem sehr unterschiedlichen Sparverhalten zu sehen. Beide Gruppen, also Mieter und Wohnungseigentümer, sparen außerhalb der Tilgung etwa gleich viel. Sie legen also gleich hohe Beträge auf dem Sparbuch, in Bundesschatzbriefen und anderen Kapitalanlagen an. Man hätte vielleicht erwarten können, dass die Immobilienbesitzer etwas weniger in anderen Anlageformen sparen, weil sie das Geld für die Tilgung ihres Darlehens brauchen. Dem ist jedoch nicht so (siehe Grafik S. 36: Eigentümer sparen mehr).

Bei den Immobilienbesitzern kommt die Tilgung der Immobilie zu den sonstigen Sparleistungen noch zusätzlich hinzu. Im Alter verfügen diese Menschen über eine entschuldete Immobilie und können dann die zur Gewohnheit gewordene Sparleistung in anderen Anlageformen fortsetzen.

Der Vorteil einer Immobilie, gleichgültig ob Sie selbst darin wohnen oder diese vermieten, scheint also stets darin zu liegen, dass Sie ein außerordentlich konsequentes Sparprogramm durchführen. Deshalb mag es zwar so sein, dass es sich – rein finanzmathematisch betrachtet – für viele Menschen nicht lohnt, eine eigen genutzte Wohnung zu kaufen. Doch was nützt dies, wenn das Geld, das im Falle des Erwerbs einer Wohnung angespart würde, von dem „klügeren" Mieter Monat für Monat konsumiert wird? Die Unzulänglichkeit mancher mathematischer Betrachtungen über Sinn und Unsinn des Erwerbs von selbst genutztem Wohneigentum ist, dass solche Fragen ausgespart werden.

Prüfen Sie selbst:
Die „eigenen vier Wände“ könnten sich lohnen, wenn:
- Sie die Eigenheimförderung noch nicht genutzt haben, aber aufgrund Ihrer Einkommensverhältnisse Anspruch auf die Zulage und Baukindergeld hätten.
- Sie viel Eigenkapital haben, aber nur durchschnittlich gut verdienen.

Eine Immobilie als Kapitalanlage könnte die richtige Entscheidung sein, wenn:
- Sie bisher wenig gespart haben, aber über ein überdurchschnittliches Einkommen verfügen.
- Sie sehr günstig zur Miete wohnen, zum Beispiel weil sie einen alten Mietvertrag haben.

3 So kaufen Sie eine Eigentumswohnung

So hätte sich Herr Schmidt das nicht vorgestellt: Die Eigentumswohnung, die er vor einem Jahr erworben hat, steht unvermietet leer. Die Mietgarantie von 15 DM/qm ist geplatzt, weil der Mietgarant Pleite gegangen ist. Als er sich überlegt, die Wohnung vielleicht zu verkaufen, stellt er fest, dass er höchstens die Hälfte des Kaufpreises erzielen könnte, den er seinerzeit bezahlt hat. Herr Schmidt möchte von Immobilien nichts mehr wissen. Er sucht nach einem Rechtsanwalt, der gegen den Verkäufer vorgehen soll, „der mir den Mist angedreht hat". Jedem, der dies hören (oder auch nicht hören) will, erzählt Herr Schmidt, dass er von Immobilien gar nichts hält.

Ich habe solche Geschichten oft gehört. Und ich habe denen, die sie mir erzählt haben, zuallererst immer die Frage gestellt, was sie vor dem Kauf der Wohnung denn alles getan haben, um eine richtige Entscheidung zu treffen. In den meisten Fällen stellte sich heraus: Der Käufer hatte die Wohnung noch nie gesehen, außer in einem Exposé. Er hat sich vor dem Kauf niemals mit der Höhe der Kaufpreise und der tatsächlich zu erzielenden Miete befasst. Und er hat auch keinerlei Informationen über den Anbieter und dessen bisherige Aktivitäten eingezogen.

Wer so handelt und trotzdem eine richtige Investition tätigt, der hat so viel Glück gehabt wie derjenige, der „blind" irgendwelche Aktien kauft, ohne je von dem Unternehmen gehört zu haben, und dann trotzdem eine schöne Performance erzielt. Damit für Sie der Kauf einer Wohnung keine Frage des „Glücks" ist, habe ich in diesem Kapitel für Sie einige elementare Regeln zusammengestellt, an die Sie sich unbedingt halten sollten. Wenn Sie diese Regeln berücksichtigen, dann werden Sie eine richtige Entscheidung treffen, mit der Sie auch noch nach vielen Jahren zufrieden sind.

Regel 1: Vorher besichtigen

Die allererste Regel lautet: Kaufen Sie eine Wohnung nie, ohne sie vorher besichtigt zu haben. Das klingt wie eine Selbstverständlichkeit, aber ich habe die Erfahrung gemacht, dass die meisten Fehlinvestitionen genau deshalb zustande kommen, weil sich die Käufer nicht an diese elementare Regel halten.

Der Grund ist eigentlich kaum nachzuvollziehen, denn wer würde beispielsweise einen Gebrauchtwagen kaufen, ohne sich diesen vorher genau anzuschauen und zu prüfen? Eine Wohnung kostet das Vielfache eines Gebrauchtwagens, und so sollte man denken, dass jener Grundsatz, der für den Kauf eines Autos von den meisten beherzigt wird, erst recht beim Erwerb einer Immobilie Berücksichtigung findet. Dass trotzdem immer wieder Kapitalanleger eine Eigentumswohnung kaufen, ohne sie vorher zu besichtigen, liegt zum Teil daran, dass viele Anleger, die aus steuerlichen Erwägungen eine Immobilie kaufen, kurz vor Jahresschluss hektisch solche Entscheidungen treffen.

Regel 2: Nicht erst im Dezember …

Deshalb die zweite Regel: Lassen Sie sich Zeit für eine so wichtige Entscheidung. Am besten fangen Sie nicht erst Mitte Dezember an, sich über Ihr Steuerproblem Gedanken zu machen. Kluge Anleger kaufen in Ruhe im Frühjahr oder auch im Sommer. Sie vergleichen mehrere Angebote und besichtigen die Immobilie mehrmals.

Regel 3: Lage – Lage – Lage

Die dritte Regel: Beim Kauf einer Immobilie kommt es vor allem auf die richtige Lage an. Die Lage ist das Einzige an Ihrer Immobilie, was sich nicht ändern wird. Und Immobilienprofis schwören auch heute immer noch auf die alte Regel: Lage – Lage – Lage. Gerade deshalb ist es ja auch so wichtig, dass Sie die Immobilie vor Ort besichtigen. Denn wie sonst sollen Sie sich ein Bild von der Lage machen? In dem Exposé wird die Lage selbstverständlich in den schönsten Worten geschildert, so wie ja auch Reiseveranstalter in ihren Prospekten aus jedem Hotel ein Traumhotel zu machen verstehen.

Aber Sie müssen die Lage selbst überprüfen. Manchmal wird gesagt, Sie sollten sich überlegen, ob Sie selbst in diese Wohnung einziehen würden, und diese nur dann kaufen, wenn Sie diese Frage uneingeschränkt mit „Ja“ beantworten könnten. Natürlich ist der Kauf einer Wohnung als

Kapitalanlage wahrscheinlich eine richtige Entscheidung, wenn Sie dort selbst einziehen würden. Dies muss jedoch nicht das Kriterium sein. Vielleicht wohnen Sie in einem schönen Villenviertel – und wollen auch gar nicht woanders wohnen –, entscheiden sich aber aus guten Gründen für den Kauf einer Eigentumswohnung in mittlerer, zentraler Wohnlage.

Aber Sie müssen auf jeden Fall versuchen, in die Haut des Nutzers, also des Mieters zu schlüpfen. Sie müssen sich jene Fragen stellen, die sich ein Mieter stellen würde. Dazu gehört natürlich, dass Sie die Infrastruktur prüfen. Altbauwohnungen haben gegenüber neuen Projekten „auf der grünen Wiese" meist den Vorteil, dass sie infrastrukturell gut erschlossen sind. Prüfen Sie vor allem, wie gut die Verkehrsanbindung ist. Ist die Wohnung mit öffentlichen Verkehrsmitteln leicht zu erreichen? Wie sieht es mit Parkplätzen aus? Gerade in innerstädtischen Lagen ist es Gold wert, wenn Sie zu der Wohnung einen Stellplatz oder eine Garage erwerben können.

Wenn Sie eine größere Wohnung kaufen, in die vielleicht eine Familie einziehen könnte, dann prüfen Sie, wie kinderfreundlich das Umfeld ist, ob es eine Schule oder einen Kindergarten in der Nähe gibt.

Prüfen Sie auch die Lärmsituation. Natürlich kann man da in der Stadt nicht den gleichen Maßstab anlegen wie in einem ruhigen und grünen Viertel. Mieter, die zentrale Lagen bevorzugen, haben meist auch einen größeren Toleranzspielraum gegenüber Verkehrslärm. Aber am besten sind Lagen, die zugleich zentral, aber dennoch sehr ruhig sind, also beispielsweise Seitenstraßen von großen Hauptverkehrsstraßen.

Regel 4: Zuerst in der eigenen Stadt

Wichtig ist auch der Ruf jenes Viertels oder jener Straße, in der sich die Wohnung befindet. Dies ist übrigens einer der Gründe, warum Sie – dies ist die vierte Regel – meiner Meinung nach Ihre ersten Käufe am besten in der eigenen Stadt tätigen sollten. Hier kennen Sie sich aus. Hier kennen sie das „Image" eines jeden Bezirkes. Hier können Sie auch am ehesten einschätzen, wie sich die soziale Zusammensetzung der Mieterschaft voraussichtlich in den nächsten Jahren entwickeln könnte. Es ist sehr schwer, für eine fremde Stadt, in der Sie sich gar nicht auskennen, solche Fragen zu beantworten. Selbst wenn Sie die Wohnung dort mehrmals besichtigen, können Sie niemals so sicher sein wie bei einem Kauf in der eigenen Stadt. In der eigenen Stadt ist es auch am einfachsten für Sie, die Preise für Wohnungen und die zu erzielenden Mieten zu vergleichen. Sie können in der Zeitung nachschauen oder sich einen Mietspiegel besorgen und damit ein Bild über das Mietniveau machen.

Regel 5: Fragen Sie die Bewohner

Die fünfte Regel: Wenn Sie die Wohnung besichtigen, dann sprechen Sie mit den Menschen, die in diesem Umfeld wohnen. Sie bekommen so zahlreiche wertvolle Informationen. Wie viel Leerstände gibt es? Welche Lärmbelästigungen gibt es? Viele Menschen sind auskunftsfreudiger, als Sie vielleicht denken, wenn man sie nett und freundlich anspricht. Die besten Experten für eine Wohnung sind immer noch jene Menschen, die in dem betreffenden Haus wohnen.

Regel 6: Fragen Sie nach Mietobergrenzen

Die sechste Regel: Informieren Sie sich unbedingt, ob es bestimmte Grenzen für die Miete gibt, die Sie nehmen dürfen. Dies ist beispielsweise in so genannten „Sanierungsgebieten“ oder in „Milieuschutzgebieten“ (§ 172 Baugesetzbuch) der Fall. Dort gibt es Mietobergrenzen, die es Ihnen nicht erlauben, die Mieten im ansonsten gesetzlich erlaubten Maß anzuheben. Auch bei Sozialwohnungen gibt es bestimmte Regeln wie zum Beispiel Belegungsrechte, die Sie berücksichtigen müssen.

Leider ist es nicht immer ganz einfach, dies herauszubekommen. Ob es sich um ein förmlich festgelegtes Sanierungsgebiet handelt, können Sie dem Grundbuch entnehmen. Aber ob es beispielsweise ein Milieuschutzgebiet ist, in dem ganz enge Mietobergrenzen gelten, dies steht leider in keinem Grundbuch. Wenn Sie zum Kauf der Wohnung einen Rechtsanwalt heranziehen, dann sollten Sie durch ihn diese Fragen prüfen lassen. Zumindest sollten Sie dem Verkäufer vor dem Abschluss des Kaufvertrages die Frage stellen, ob Ihre Wohnung in einem Sanierungs- oder Milieuschutzgebiet liegt oder es bestimmte Begrenzungen der Miethöhe gibt, die außerhalb des normalen Mietrechts liegen. Natürlich ist es unabdingbar, dass solche Aussagen nicht nur mündlich gegeben, sondern später auch im Kaufvertrag festgehalten werden. Wenn der Verkäufer Ihnen entsprechende Zusicherungen gegeben hat, sollten Sie den Notar beim Abschluss des Kaufvertrages bitten, diese dort aufzunehmen.

Gerade dann, wenn Sie eine Wohnung mit einem Sanierungspaket kaufen, ist das wichtig. Denn selbstverständlich wollen Sie nach der Instandsetzung und Modernisierung der Wohnung die Miete im gesetzlich vorgesehenen Maß erhöhen. Ich habe schon oft von Fällen gehört, in denen der Käufer zu spät gemerkt hat, dass dies nicht möglich ist, weil es bestimmte Mietobergrenzen gibt, an die er gebunden ist.

Regel 7: Mietgarantien nicht zu wichtig nehmen

Die siebte Regel: Kaufen Sie niemals eine Wohnung, nur weil man Ihnen eine bestimmte Mietgarantie gibt. Mietgarantien sind in den letzten Jahren Mode geworden, und gerade unerfahrene Käufer fragen nach solchen Garantien. Der erfahrene Käufer weiß: Die beste Mietgarantie ist eine gute Lage. Eine schlechte Wohnung wird niemals durch eine Mietgarantie zu einem guten Investment.

Nicht selten passiert es, dass eine GmbH mit 50 000 DM Einlage der Mietgarant ist und diese GmbH schon nach kurzer Zeit Pleite geht. Aber selbst wenn dies nicht so sein sollte, dann nützt Ihnen die Mietgarantie nichts, wenn nach dem Auslaufen der Garantie nur eine deutlich niedrigere Miete erzielt werden kann. Ich habe es oft erlebt, dass Mietgarantien für 15 oder 16 DM/qm ausgesprochen wurden, obwohl das Mietniveau in der entsprechenden Lage nicht einmal bei 10 oder 11 DM lag. Das Ergebnis: In den ersten Jahren können Sie Zinsen und Tilgung ohne weiteres zahlen, weil die Steuerersparnis und die Einkünfte aus der Mietgarantie mehr als ausreichend sind. Wenn die Mietgarantie jedoch ausläuft und Sie feststellen, dass Sie eine deutlich geringere Miete erzielen, bekommen Sie ein Problem.

Ich rate nicht prinzipiell davon ab, eine Mietgarantie in Anspruch zu nehmen. Manchmal kann dies sinnvoll sein, um bestimmte Durststrecken am Anfang (Erstvermietung, Leerstand bei Mieterwechsel oder

Modernisierung) zu überbrücken. Es ist auch steuerlich ein schöner Effekt, dass Sie den Betrag, den Sie für die Mietgarantie zahlen müssen, gleich als Werbungskosten steuerlich geltend machen können. Aber Sie sollten prüfen, ob die Mietgarantie in etwa in der Nähe der tatsächlich zu erzielenden Miete liegt. Und vor allem sollte die Mietgarantie niemals für Sie ein entscheidendes Argument beim Kauf einer Wohnung sein. Wenn Sie sich nicht sicher sind, dass Sie die Wohnung zu dem Mietpreis vermieten können, den man Ihnen in Aussicht stellt, dann sollten Sie sich nach einer anderen Wohnung umschauen, statt sich durch die Mietgarantie zu beruhigen.

Regel 8: Bezugsfreie Wohnungen sind wertvoller

Die achte Regel: Wenn Sie die Wahl haben, eine vermietete oder eine unvermietete Wohnung zu kaufen, dann entscheiden Sie sich für die unvermietete Wohnung. Wortgewandte Verkäufer werden Ihnen die Vorzüge einer vermieteten Wohnung erklären: „Sie müssen dann nicht mehr nach einem Mieter suchen, denn Sie haben ja schon einen." Damit spielen manche Verkäufer mit der Angst eines jeden Kapitalanlegers, dass er nämlich keinen Mieter für die Wohnung findet. Tatsache ist jedoch, dass unvermietete Wohnungen teurer als vermietete sind, weil Sie in der Regel bei einer Neuvermietung eine höhere Miete erzielen können. Deshalb ist es auch beim Preisvergleich nicht sinnvoll, vermietete und bezugsfreie Wohnungen zu vergleichen.

Regel 9: Prüfen Sie den Grundriss

Die neunte Regel: Prüfen Sie den Grundriss der Wohnung. Hier wird der Unterschied zwischen Eigennutzern und Kapitalanlegern besonders deutlich. Wenn Sie eine Wohnung kaufen, um selbst dort einzuziehen, dann werden Sie sich genauestens mit dem Grundriss befassen. Sie werden prüfen, ob Platz für den Wohnzimmerschrank bzw. die Schrankwand ist und ob die Wohnung sinnvoll geschnitten ist. So wird zum Beispiel kaum ein Mieter Interesse an einer 4-Zimmer-Wohnung haben, in der alle vier Zimmer die gleiche Größe haben. Die meisten Mieter wollen schließlich gerne ein großes Wohnzimmer haben, während für das Arbeits- oder das Schlafzimmer weniger Platz benötigt wird.

Berücksichtigen Sie auch, in welcher Etage die Wohnung liegt. Wohnungen im Erdgeschoss werden meist mit einem Preisabschlag verkauft, da diese aus der Sicht mancher Mieter Nachteile (zum Beispiel eine erhöhte Einbruchsgefahr) haben. Umgekehrt: Wenn die Wohnung im fünften Stock liegt, es aber keinen Aufzug gibt, dann wird dadurch der potenzielle Mieterkreis eingeschränkt. So kommt eine Vermietung an ältere Menschen nicht in Frage, und auch viele junge Leute haben keine Lust, jeden Tag ihre Einkaufstaschen nach oben zu schleppen. All das müssen keineswegs Argumente gegen den Kauf einer Wohnung sein, aber Sie müssen diese Faktoren in Ihre Überlegungen mit einbeziehen und auch bei einem Vergleich verschiedener Angebote (und verschiedener Preise) berücksichtigen.

Regel 10: Baubegleitendes Qualitätscontrolling

Die zehnte Regel: Wenn Sie eine neu zu errichtende oder eine zu sanierende Wohnung kaufen, dann achten Sie auf einen garantierten Festpreis, der nicht überschritten wird. Sie sollten darüber hinaus auch auf einem festgelegten Fertigstellungstermin bestehen. Formulierungen wie: „Die Fertigstellung wird angestrebt bis zum …“ nützen Ihnen nichts. Bestehen Sie auf der Formulierung: „Die Fertigstellung wird garantiert bis spätestens zum …“

Vor allem müssen Sie sich aber mit der Baubeschreibung und der Qualität der Bauleistung befassen. Dies ist natürlich für einen Laien sehr schwierig. Wenn Wohnungen zusammen mit einer Modernisierungsleistung als Paket angeboten werden, gibt es im Exposé eine Baubeschreibung. Aber die meisten Kapitalanleger überlesen leider diese Baubeschreibung und befassen sich lieber mit der steuerlichen Prognoserechnung.

Dies ist jedoch ein unverzeihlicher Fehler. Oft sind die Baubeschreibungen langatmig, aber nichtssagend. So wird beispielsweise bei Sanierungen und Instandsetzungen in Aussicht gestellt, dass Elektroleitungen „bei Bedarf erneuert werden“, Wasserleitungen „gegebenenfalls“ ausgewechselt werden usw. Leider lässt die Qualität der Bauleistung zunehmend nach. Der Grund: Die Baupreise sind in den letzten Jahren immer mehr in den Keller gegangen, die Bauzeiten wurden ständig verkürzt.

Dazwischen wird die Bauqualität leider oft zur „Knautschzone". Jedes Jahr werden etwa 20 Milliarden DM Schaden durch Pfusch am Bau in Deutschland erzeugt.

Deshalb ist es eine gute Entwicklung, dass sich der TÜV in den letzten Jahren dieses Themas angenommen hat. Sie sind als Anleger immer dann auf der sicheren Seite, wenn das Bauvorhaben von einem unabhängigen Sachverständigen begleitet wird, beispielsweise vom TÜV. Dieses baubegleitende Qualitätscontrolling kostet nur etwa 1 % der Baukosten, und dieses Geld ist immer sinnvoll investiert. Wenn mehr Kapitalanleger dazu übergehen würden, auf einer Baubegleitung durch den TÜV zu bestehen, hätten die schwarzen Schafe der Branche keine Chance mehr. Wenn es kein baubegleitendes Controlling gibt, sollten Sie zumindest die Baubeschreibung einem in dem betreffenden Bereich (Neubau, Altbausanierung, Denkmalschutz usw.) erfahrenen Architekten zur Prüfung vorlegen.

Sie können auch von der „Checkliste Altbau" oder der „Checkliste Neubau" profitieren, die von der Firma Wert-Konzept entwickelt und zusammen mit dem TÜV und dem Anlegerschützer Heinz Gerlach herausgegeben wurde und die im Anhang abgedruckt ist. Diese Checkliste hat den Vorteil, dass Sie auch als Laie sehr schnell die Qualität der geplanten Baumaßnahmen erkennen können. Sie sollten diese Liste dem Bauträger zum Ausfüllen und zum Unterschreiben vorlegen. Das ist nicht immer ganz einfach, denn viele Bauträger werden diesem Wunsch nicht ohne weiteres folgen. Aber: Versuchen sollten Sie es auf jeden Fall.

Es versteht sich eigentlich von selbst: Wenn Sie eine gebrauchte Immobilie ohne „Modernisierungspaket" kaufen, dann sollten Sie besonders vorsichtig sein. Schwammbefall oder Materialkrankheiten können zu erheblichen Problemen führen, und als Laie können Sie solche Probleme nicht immer erkennen. Am besten ist es, wenn Sie beim Kauf einer „Gebrauchtimmobilie" einen Fachmann zu Rate ziehen. Zumindest sollten Sie eindeutig im Kaufvertrag festschreiben lassen, dass dem Verkäufer von Schäden am Bauwerk oder am Grundstück, insbesondere von Materialkrankheiten, nichts bekannt ist.

ZERTIFIKAT ◆ CERTIFICATE ◆ 認証証書 ◆ 'EPҺTİTrAҺ ◆ CERTIFICADO ◆ CERTIFICAT

ZERTIFIKAT

TÜV
SÜDDEUTSCHLAND

Das Unternehmen

Meier Wohnbau GmbH
Musterstraße 1
11223 Musterstadt

erhält für sein Bauvorhaben

Wohn- und Geschäftshaus
Müllerstraße 25
11223 Musterstadt

das Zertifikat Nr. ......

TÜV SÜDDEUTSCHLAND
TÜV SÜDDEUTSCHLAND
GEPRÜFTE QUALITÄT
BAU UND BETRIEB GMBH

Das zertifizierte Bauvorhaben wurde während seiner Errichtung einer Baubegleitenden Qualitätssicherung nach dem TÜV-Standard BQS/4 unterzogen und erfüllt die grundlegenden qualitativen Anforderungen entsprechend dem Prüfbericht Nr: .... Sämtliche Prüfungen erfolgten stichprobenartig und mit Zustimmung aller am Bau Beteiligten auf freiwilliger Basis.

München, den

Bau und Betrieb GmbH
Fachbereich Bautechnik

Niederlassung
Abteilung Bautechnik

Der Leiter
Dr.-Ing. Harald Spornraft

Der Sachverständige

TÜV SÜDDEUTSCHLAND

Ansprechpartner im Unternehmen TÜV Süddeutschland Bau und Betrieb GmbH

- Niederlassung München
  Westendstraße 199
  D-80686 München
  Telefon: (089) 57 91-24 76
  Telefax: (089) 57 91-24 04
  Ansprechpartner: **Herr Fritsch/Herr Federmann**

- Niederlassung Berlin
  Wittestraße 30 / Haus K
  D-13509 Berlin
  Telefon: (030) 43 56 06 13
  Telefax: (030) 4 35 20 98
  Ansprechpartner: **Herr Beer**

- Niederlassung Hamburg
  Stadthausbrücke 7
  D-20355 Hamburg
  Telefon: (040) 37 50 16 80
  Telefax: (040) 37 50 16 82
  Ansprechpartner: **Herr Dr. Mühlberg**

- Niederlassung Frankfurt/Eschborn
  Mergenthalerallee 27
  D-65760 Eschborn
  Telefon: (0 61 96) 498-510
  Telefax: (0 61 96) 498-333
  Ansprechpartner: **Herr Hagenkötter**

- Niederlassung Stuttgart/Filderstadt
  Gottlieb-Daimler-Str. 7
  D-70794 Filderstadt
  Telefon: (0711) 70 05-0
  Telefax: (0711) 70 05-586
  Ansprechpartner: **Herr Windisch**

- Niederlassung Darmstadt
  Rüdesheimer Str. 199/Gebäude A
  D-64285 Darmstadt
  Telefon: (0 61 51) 600-351
  Telefax: (0 61 51) 600-355
  Ansprechpartner: **Herr Sehm**

- Niederlassung Karlsruhe
  Durmesheimer Str. 145
  D-76189 Karlsruhe
  Telefon: (07 21) 57 06-286
  Telefax: (07 21) 57 06-289
  Ansprechpartner: **Herr Nolte**

- Niederlassung Regensburg
  Friedenstraße 6
  D-93051 Regensburg
  Telefon: (09 41) 99 10-410
  Telefax: (09 41) 99 10-450
  Ansprechpartner: **Herr Liebl**

- Niederlassung Nürnberg
  Edisonstr. 15
  D-90431 Nürnberg
  Telefon: (09 11) 65 57-375
  Telefax: (09 11) 65 57-380
  Ansprechpartner: **Herr Löscher**

- Niederlassung Würzburg
  Petrinistraße 33 a
  D-97080 Würzburg
  Telefon: (09 31) 2 00 13-206
  Telefax: (09 31) 2 00 13-222
  Ansprechpartner: **Herr Benad**

- Niederlassung Dresden
  Drescherhäuser 5
  D-01159 Dresden
  Telefon: (03 51) 42 02-304
  Telefax: (03 51) 42 02-378
  Ansprechpartner: **Herr Schmidt**

- Niederlassung Leipzig
  Wiesenring 2
  D-04469 Lützschena-Stahmeln
  Telefon: (03 41) 46 53-270
  Telefax: (03 41) 46 53-252
  Ansprechpartner: **Herr Tröbitz**

- Niederlassung Jena
  Konrad-Zuse-Str. 7
  D-07745 Jena-Göschwitz
  Telefon: (0 36 41) 6 21 50
  Telefax: (0 36 41) 62 15 11
  Ansprechpartner: **Frau Schmidt**

- Niederlassung Chemnitz
  Fürstenstraße 70
  D-09130 Chemnitz
  Telefon: (03 71) 43 43 315
  Telefax: (03 71) 43 43 445
  Ansprechpartner: **Herr Dr. Zschocke**

Regel 11: Ihr Rechtsanwalt soll den Kaufvertrag prüfen

Die elfte Regel: Lassen Sie sich den Kaufvertrag rechtzeitig zuschicken und diesen durch einen Rechtsanwalt Ihres Vertrauens prüfen. Sie selbst haben als Laie nicht die geringste Chance, den Kaufvertrag zu verstehen. Wenn Sie nur 10 % dessen verstehen, was dort formuliert ist, wäre das schon erstaunlich. Versuchen Sie es erst gar nicht. Der Notar ist zwar verpflichtet, Sie aufzuklären, er kann Ihnen jedoch nicht während der Verlesung des Vertrages so ganz nebenbei einen Schnelldurchgang durch das Jura-Studium vermitteln. Deshalb sollten Sie sich den Kaufvertrag und auch die so genannte Grundlagenurkunde (Teilungserklärung) vorher rechtzeitig zuschicken lassen, und zwar unbedingt in der Form, wie später der Vertrag geschlossen werden soll. Das heißt, alle Dinge, die Sie mit dem Verkäufer vorher abgesprochen haben, sollten in diesem Exemplar schon enthalten sein. Geben Sie dieses Ihrem Anwalt zur Prüfung.

Auch der Notar ist zwar zur Unabhängigkeit und Neutralität verpflichtet. Aber oftmals wird es so sein, dass den Vertrag ein Notar beurkundet, der regelmäßig für den Verkäufer bzw. Bauträger tätig ist, vielleicht ist er auch zugleich dessen Anwalt. Sie können auch von einem Notar, der seine Pflichten sehr ernst nimmt, nicht verlangen, dass er Sie in der gleichen Weise berät und aufklärt, wie dies Ihr Rechtsanwalt tut, der ausschließlich Ihre Interessen wahrnimmt. Übrigens ist es ganz wichtig, dass Sie selbst oder der Notar vorher das Grundbuch einsehen. Zwar ist der Notar dazu eigentlich verpflichtet, aber manchmal steht in den Verträgen, dass der Notar dies nicht getan hat. Bestehen Sie darauf, dass das vorher geschieht.

Regel 12: Wohngeld und Erwerbsnebenkosten nicht vergessen

Schließlich die zwölfte Regel: Bei Ihrer wirtschaftlichen Kalkulation sollten Sie von realistischen Werten ausgehen. Sie müssen nicht nur die Höhe der Miete kennen, sondern auch die Höhe des Wohngeldes, das Sie als Eigentümer zu bezahlen haben. Sie müssen wissen, wie hoch die Instandhaltungsrücklage und die Verwalterkosten sind. Und Sie müssen beim Kauf der Wohnung selbstverständlich von realistischen Werten ausgehen, also neben dem eigentlichen Kaufpreis auch die Grunderwerbsteuer (3,5 % des Kaufpreises) sowie die Notar- und Gerichtskosten (etwa 2 %), Maklerkosten und sonstige Aufwendungen berücksichtigen.

Regel 13: Besichtigen Sie Referenzobjekte

Dreizehnte Regel: Wenn Sie von einem Bauträger kaufen, dann besichtigen Sie Referenzobjekte und informieren Sie sich über seinen Ruf. Dies ist sowohl beim Neubau als auch bei der Altbausanierung wichtig. Wie lange ist der Bauträger schon am Markt tätig? Seriöse Anbieter sind stolz auf ihre Referenzobjekte und bestehen sogar darauf, Ihnen diese zu zeigen. Schwarze Schafe hingegen sind meist nur kurz am Markt – und dann unter wechselnder Firmierung.

Worauf Sie sonst noch achten sollten

Sicherlich gibt es außer diesen Regeln noch viele weitere Dinge, die Sie zu beachten haben. Manche Punkte – vor allem im Zusammenhang mit den wirtschaftlichen und steuerlichen Rahmendaten – werde ich in späteren Kapiteln darstellen. Und natürlich ist es auch eine gute Idee, vorher die Protokolle der Eigentümerversammlungen einzusehen, um zum Beispiel festzustellen, wie das Verhältnis der Wohnungseigentümer zueinander ist, welche Reparaturen durchgeführt wurden, ob es einen Instandhaltungsstau gibt, ob vielleicht ein unverbesserlicher Querulant unter den Eigentümern ist usw. Denn Sie müssen sich immer bewusst sein, dass Sie mit dem Kauf einer Wohnung nicht nur das „Sondereigentum" erwerben, sondern in eine Eigentümergemeinschaft eintreten. Sie kaufen vor allem einen Bruchteil des Gemeinschaftseigentums – sind also gemeinschaftlicher Eigentümer zusammen mit vielen anderen.

Oft wird auch darauf verwiesen, dass es sinnvoll ist, sich mit der Qualität der Hausverwaltung zu befassen – auch dies ist ein wichtiger Punkt. Nicht zu unterschätzen ist in diesem Zusammenhang der Vorteil einer „Nachfolgebetreuung" Ihrer Immobilie, wie sie von einigen Anbietern – wie etwa den Unternehmen SAB (Bad Homburg) oder Bast Bau (Düsseldorf) – im Rahmen eines Servicepaketes offeriert wird. Denn, und dies vergessen manche Käufer, auch eine Immobilie will regelmäßig „gewartet“ werden, nicht anders als Ihr Auto, das Sie ja auch zur Inspektion bringen und pflegen. Natürlich kosten diese Serviceleistungen Geld (so wie eine regelmäßige Wartung Ihres Autos ja auch nicht kostenlos ist), aber langfristig kann sich eine solche Nachfolgebetreuung auszahlen.

Eine „kostenlose“ Inspektion Ihrer Wohnanlage haben Sie übrigens oftmals dann, wenn hier nicht nur Mieter, sondern auch zahlreiche Eigennutzer wohnen. Denn Eigentümer achten nun einmal mehr auf den Zustand der Immobilie als Mieter und sorgen dafür, dass die Wohnanlage auch von ihren Mitbewohnern pfleglich behandelt wird.

Ich möchte Sie jedoch an dieser Stelle nicht mit zu vielen Hinweisen überfrachten, weil ich die Erfahrung gemacht habe, dass es keinen Sinn hat, den Käufer einer Wohnung mit 150 Punkten zuzuschütten, die er alle tun und beachten sollte. Wer eine Liste mit 150 zu recherchierenden Punkten vorgelegt erhält, der wird am Ende wahrscheinlich gar keine Nachforschungen anstellen, oder aber er ist – ob all der möglichen Risiken und Gefahren – so verunsichert, dass er gar nicht kauft.

Auch der Immobilienerwerb ist jedoch keine Sache des theoretischen Wissens, sondern eine Sache der Erfahrung und des ständigen Dazulernens. Lernen werden Sie nur aus Ihren Fehlern. Sie sollten davor keine übertriebene Angst haben. Sie werden vielleicht einwenden, Sie hätten keine Zeit, vorher tausenderlei Dinge zu prüfen, Protokolle von Eigentümerversammlungen, Mietverträge usw. anzufordern. Sie sollten aber, und dies sei am Ende noch einmal eindringlich wiederholt, immer die Zeit haben, die Lage der Wohnung persönlich zu überprüfen, also das in Aussicht genommene Objekt sowie das Umfeld zu besichtigen und kritisch zu bewerten. Sie sollten immer die Zeit haben, sich über die Mieten und die Kaufpreise zu informieren. Sie sollten sich immer die Zeit nehmen, den Kaufvertrag Ihrem Anwalt zur Prüfung vorzulegen. Wenn Sie diese Punkte beachten, dann vermeiden Sie damit schon die hauptsächlichen Fehler, die bei vielen Kapitalanlegern zu Fehlinvestitionen führen.

Prüfen Sie selbst – vor dem Kauf einer Eigentumswohnung:

1. Habe ich die Wohnung vor dem Kauf zusammen mit einer Person meines Vertrauens besichtigt?
2. Habe ich die Infrastruktur (Verkehrsanbindung, Einkaufsmöglichkeiten, Parksituation) und das Image der Wohngegend geprüft?
3. Habe ich mich über die tatsächlich erzielten Mieten in dem Objekt bzw. im vergleichbaren Umfeld informiert?
4. Habe ich die Kaufpreise mehrerer Alternativangebote verglichen und mir ein Bild von den Marktverhältnissen gemacht?
5. Ist die Wohnung bezugsfrei oder ist sie vermietet? Wie hoch sind die Miete, das Wohngeld und die Verwalterkosten?
6. Habe ich mich informiert, ob möglicherweise größere Reparaturen anstehen?
7. Habe ich mich mit dem Grundriss der Wohnung beschäftigt?
8. Bei Neubau oder Modernisierungen: Gibt es ein baubegleitendes Qualitätscontrolling?
9. Ist der Bauträger bereit, die „Checkliste Altbau“ bzw. die „Checkliste Neubau“ auszufüllen?
10. Hat mein Rechtsanwalt den Kaufvertrag geprüft?
11. Habe ich Referenzobjekte des Bauträgers besichtigt?
12. Welche Argumente sprechen dafür und welche dagegen, dass die Immobilie in dieser Lage in den nächsten 10 oder 15 Jahren im Wert überdurchschnittlich steigen könnte?
13. An wen könnte ich die Immobilie dann verkaufen?

4 So finanzieren Sie richtig

Wer eine Immobilie kauft, muss den größten Teil des Kaufpreises in der Regel per Kredit bezahlen. Dazu gibt es viele Möglichkeiten wie z. B. die Aufnahme eines Annuitätendarlehens oder Festdarlehens, welches über Bausparverträge, Investmentfonds oder Versicherungen getilgt wird.

Um zu entscheiden, wie Sie richtig finanzieren, ist zunächst die Unterscheidung zwischen dem Erwerb einer eigen genutzten Immobilie und einer Immobilie als Kapitalanlage von Bedeutung. Diese Unterscheidung ist deshalb wichtig, weil Sie bei der selbst genutzten Immobilie die Schuldzinsen nicht absetzen können, während Sie diese bei einem vermieteten Objekt voll steuerlich geltend machen können.

Daraus folgt aber, dass Sie die selbst genutzte Immobilie mit möglichst viel Eigenkapital finanzieren sollten. Darlehen sollten Sie so rasch wie möglich tilgen. Bei einer vermieteten Immobilie verhält es sich in der Regel umgekehrt.

Doch gehen wir der Reihe nach. Zunächst sind zwei grundsätzliche Alternativen zu diskutieren, einmal die direkte Tilgung (beispielsweise mit einem Annuitäten- oder Tilgungsdarlehen) und auf der anderen Seite die indirekte Tilgung über alternative Geldanlagen.

Varianten der direkten Tilgung

Bei einem Annuitätendarlehen vereinbaren Sie mit der Bank eine gleichbleibende Jahresleistung. Monat für Monat zahlen Sie denselben Betrag. Was sich verändert, ist die Zusammensetzung dieses Betrages. Am Anfang besteht er fast ausschließlich aus den Zinsen und nur zu einem sehr geringen Teil aus der Tilgung. Am Schluss hat sich dieses Verhältnis in das Gegenteil verkehrt. Der Gesamtbetrag, den Sie an die Bank zu zahlen haben, ist am Schluss zwar genauso hoch wie am Anfang, enthält aber nur noch einen geringen Zinsanteil und einen hohen Tilgungsanteil. Der Grund ist einfach: Weil laufend getilgt wird, wird der Betrag, von dem die Zinsen berechnet werden, immer kleiner. Die „gesparten Zinsen“ werden für eine höhere Tilgung verwendet.

Daraus ergibt sich übrigens eine weitere Folgerung, die wichtig für die Frage ist, wann Sie denn Ihre Immobilie voraussichtlich entschuldet haben. Je höher der Zinssatz bei einem Annuitätendarlehen ist, umso höher ist auch der Betrag der „gesparten" Zinsen. Das heißt, dass die Laufzeit Ihres Darlehens bei gleichem Tilgungssatz durch die Höhe der Zinsen entscheidend mitbestimmt wird. Die Regel lautet: Je höher die Zinsen, desto schneller ist bei gleichbleibender Annuität das Darlehen zurückgezahlt.

Bei einem Zinssatz von 5 % und einer Tilgung von 1 % dauert es immerhin 36,7 Jahre, bis Ihr Darlehen getilgt ist und die Immobilie somit ganz und gar Ihnen gehört. Liegen die Zinsen hingegen bei 8 %, was in etwa der langjährige Durchschnitt ist, dann dauert es bei einer Tilgung von 1 % nur 28,5 Jahre, bis Ihr Darlehen getilgt ist.

Sie haben die Wahl, ob und wenn ja für welchen Zeitraum Sie die Konditionen, also die Höhe des Zinssatzes, festschreiben wollen. Selbstverständlich ist es in einer Hochzinsphase kaum sinnvoll, einen langfristigen Festzins zu vereinbaren. Bei einem sehr niedrigen Zinsniveau werden Sie hingegen bestrebt sein, die Zinsen möglichst lange, also mindestens für zehn oder für fünfzehn Jahre, festzuschreiben.

Leider ist es nicht möglich, die langfristige Entwicklung der Zinsen vorherzusagen – auch Experten können das nicht. Wer sich etwa im Jahr 1997 über die niedrigen Hypothekenzinsen gefreut und deshalb einen Zins von 7 % für zehn Jahre festgeschrieben hat, der könnte dies Anfang 1999 bereut haben, weil es nunmehr möglich war, bei einer zehnjährigen Zinsbindung einen Zins von 5 % festzuschreiben. Letztlich werden Sie sich am langjährigen Durchschnittszins orientieren und in Phasen, in denen die Zinsen deutlich darunter liegen, eine längere Zinsbindung wählen, während Sie sich in Phasen, in denen die Zinsen deutlich höher liegen, nicht so lange festlegen (siehe die Grafiken zur Entwicklung der Hypothekenzinsen, S. 55 f.).

Übrigens gibt es noch eine Alternative zu der meistgewählten Form des Annuitätendarlehens, nämlich ein Abzahlungs- oder Ratentilgungsdarlehen. Hier wird von vornherein ein gleichbleibender Tilgungsbetrag vereinbart. Logischerweise ist die Anfangsbelastung höher als bei einem

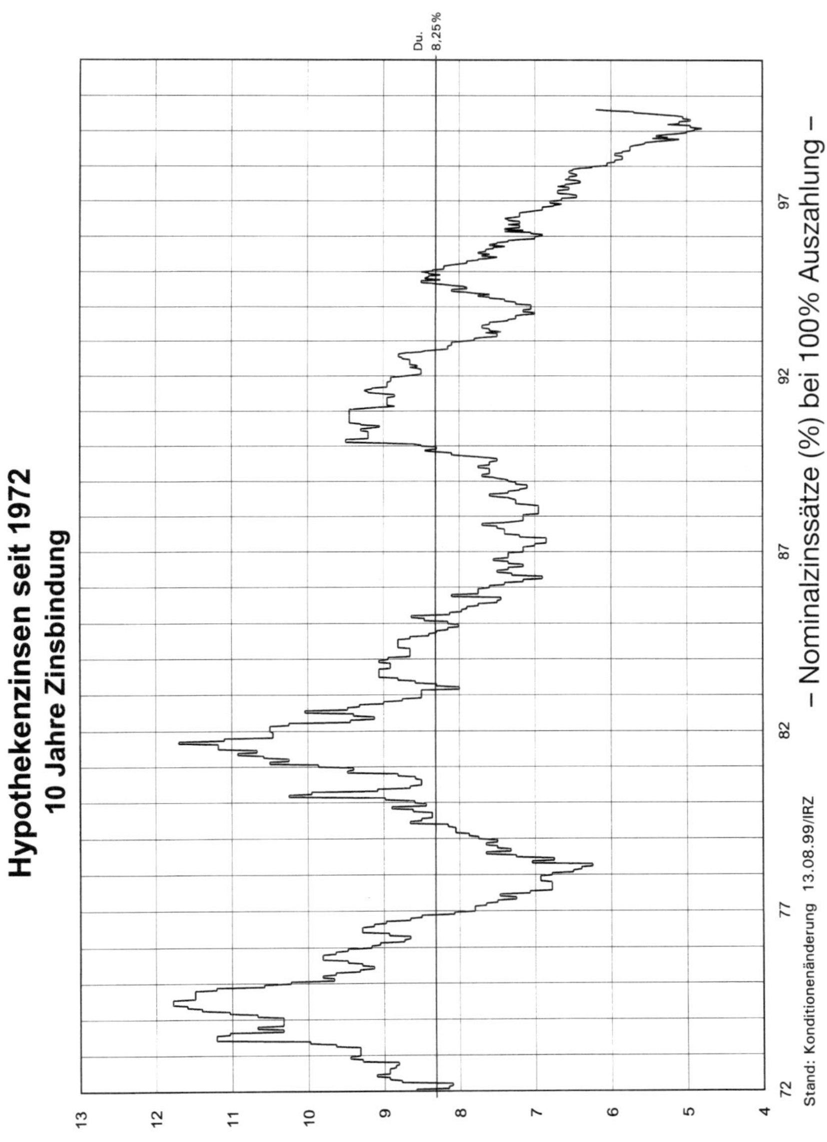
Hypothekenzinsen seit 1972
10 Jahre Zinsbindung
– Nominalzinssätze (%) bei 100% Auszahlung –
Du. 8,25%
Stand: Konditionenänderung 13.08.99/IRZ
72
77
82
87
92
97
13
12
11
10
9
8
7
6
5
4

Hypothekenzinsen seit 1974
5 Jahre Zinsbindung

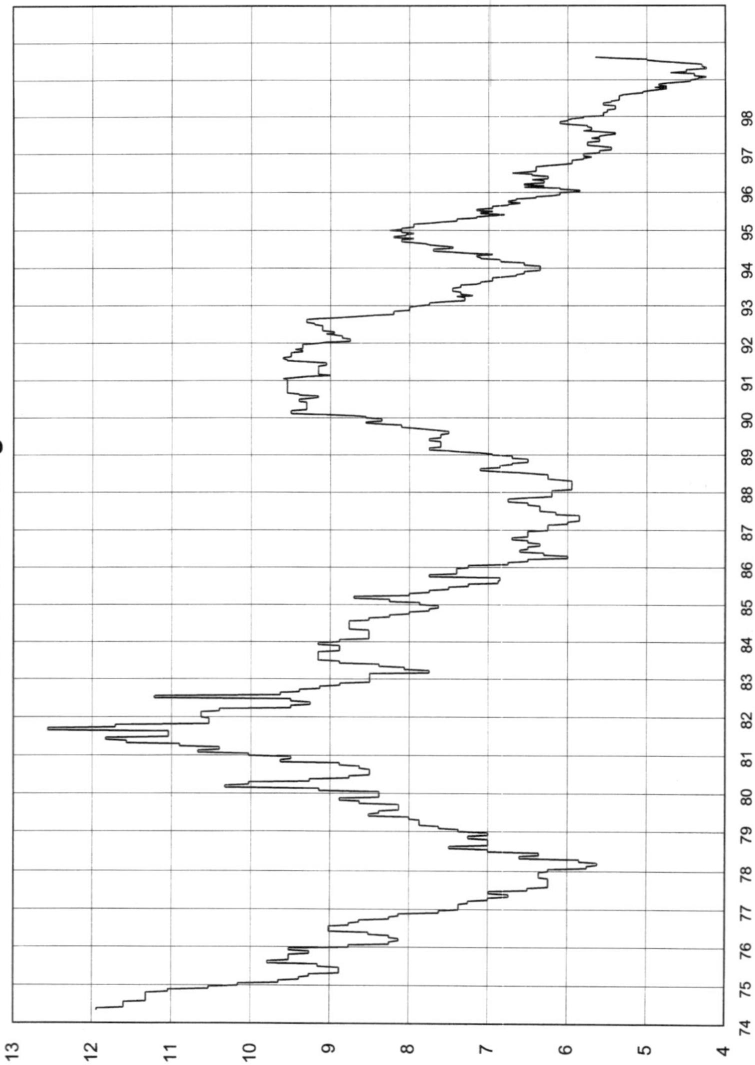

Stand: Konditionenänderung 13.08.1999/IRZ

– Nominalzinssätze (%) bei 100% Auszahlung –

Annuitätendarlehen, da am Anfang mehr Zinsen zu bezahlen sind. Manchmal wird vorgerechnet, dass ein Ratentilgungsdarlehen insofern vorteilhafter sei, als die Zinsbelastung über die gesamte Laufzeit geringer ist.[15]

Es ist indes wenig sinnvoll, einfach die Zinsen zusammenzuzählen, die über einen Zeitraum von beispielsweise 30 Jahren anfallen, und dann zwei Werte miteinander zu vergleichen. Schließlich macht es einen großen Unterschied, ob Sie zum Beispiel 20 000 DM im Jahr 2000 oder im Jahr 2030 zahlen. 20 000 DM im Jahr 2000 sind wesentlich mehr wert als im Jahr 2030. Um hier zu einem Vergleich zu kommen, müssten Barwerte errechnet und später erfolgende Zahlungen abgezinst werden. Erst dann ist ein Vergleich möglich. Und bei einem Ratentilgungsdarlehen ist es nun einmal so, dass die anfänglich zu leistenden Zahlungen wesentlich höher sind als die Zahlungen am Ende, was das Argument der insgesamt geringeren Zinsbelastung stark relativiert.

Allerdings gilt es neben den finanzmathematischen Argumenten immer auch psychologische Faktoren mit zu berücksichtigen, die in der Praxis oft die entscheidende Rolle spielen. Für ein Ratentilgungsdarlehen könnte sprechen, dass dieses den Anleger dazu zwingt, in den ersten Jahren, wenn er hohe Zuflüsse aus Steuererstattungen hat, diese in die Entschuldung der Immobilie umzulenken. Zu einem späteren Zeitpunkt, wenn die Abschreibungsvergünstigungen auslaufen und weniger Liquidität zur Verfügung steht, ist dann der monatlich zu zahlende Betrag geringer. Doch der richtige Umgang mit den Steuervorteilen ist ein anderes Thema, das später (Kapitel 6) behandelt wird.

Varianten der indirekten Tilgung

Alternativ zur direkten Tilgung, gleichgültig ob diese nun in Form eines Annuitätendarlehens oder eines Ratentilgungsdarlehens erfolgt, haben Sie die Möglichkeit, mit dem Kreditgeber eine indirekte Tilgung zu vereinbaren. Das heißt: Sie bezahlen Monat für Monat nur die Zinsen und tilgen am Schluss in einer Summe. Damit am Schluss der Betrag für die Tilgung zur Verfügung steht, wird parallel Geld angespart, und zwar beispielswei-

15 Vgl. z. B. Rainer König, Die optimale Baufinanzierung, Freiburg u. a. 1999, S. 83 ff.

se in einer Kapitallebensversicherung, in einer privaten Rentenversicherung oder in einem Investmentfonds. Der Vorteil dieser Finanzierung ist, dass die Zinsen immer auf einem gleich hohen Niveau bleiben.

Bedenken Sie: Sie können nur die Zinsen als Werbungskosten steuerlich geltend machen, nicht die Aufwendungen für die Tilgung. Das heißt aber bei einem Annuitätendarlehen: Jahr für Jahr vermindert sich der Betrag, den Sie in Ihrer Einkommensteuererklärung als Werbungskosten geltend machen können. Bei einer Tilgungsaussetzung ist das nicht der Fall, denn die Zinsen bleiben immer auf dem gleichen Niveau. Sie sehen schon, warum diese Finanzierungsvariante für eine eigen genutzte Immobilie nicht sinnvoll ist, denn hier ist es ja ohnehin nicht möglich, die Zinsen als Werbungskosten geltend zu machen.

Falls Sie mit der Bank einen Zinssatz von 6 % vereinbaren, beträgt Ihre tatsächliche Belastung als Besitzer einer vermieteten Immobilie – bei einem angenommenen Steuersatz von 50 % – aber tatsächlich nur 3 %. Sie müssen also nur eine Anlageform finden, in der Sie eine höhere Verzinsung erzielen – und schon lohnt sich die Sache.

Eine solche Anlage zu finden ist nicht schwer. Hier kommt einmal der Abschluss einer Kapitallebensversicherung in Frage, die allerdings gewissen Erfordernissen (z. B. einem bestimmten Todesfallschutz) entsprechen muss. Sind diese Voraussetzungen gegeben – und dies ist bei den heute am Markt befindlichen Lebensversicherungen der Fall –, dann profitieren Sie von den Steuervorteilen, die es für Kapitallebensversicherungen wohl auch dann noch geben wird, wenn der Gesetzgeber diese Vorteile reduzieren sollte. Leider ist übrigens die Abtretung der steuerlich besonders vorteilhaften Direktversicherung zur Finanzierung einer Immobilie nicht möglich. In letzter Zeit sind die Lebensversicherungen oft unter heftige Kritik geraten, da die Renditen als unbefriedigend empfunden werden. Diese Kritik ist nicht ganz von der Hand zu weisen, manchmal wird sie jedoch auch deutlich überzogen. Schließlich gilt in jedem Bereich des Wirtschaftslebens, dass Sicherheit und Rendite in einem Spannungsverhältnis stehen. Insofern ist es nicht statthaft, einer sicherheitsorientierten Anlage wie der Lebensversicherung den Vorwurf zu machen, sie werfe nicht die gleichen Renditen ab wie etwa ein Aktienfonds, der doch ein höheres Risikopotenzial aufweist. (Außerdem müssten für einen seriösen Vergleich ohnehin die Ausgaben für eine Risikolebensversicherung von den Ausschüttungen eines Investmentfonds abgezogen werden, denn diese Leistung ist ja Bestandteil der Kapitallebensversicherung.)

Von Anhängern einer Finanzierung mit Investmentfonds werden die höheren Renditen, besonders bei Aktienfonds, ins Feld geführt. Allerdings handelt es sich dabei um Ergebnisse, die in der Vergangenheit erzielt wurden. Gerade in einer Phase der Hausse, in der die Aktienmärkte über viele Jahre extrem gestiegen sind, ist es klar, dass die Renditen auch im Durchschnitt von zehn oder zwanzig Jahren sehr hoch sind. Aber der Anleger muss immer das Risiko bedenken, in eine Baisse-Phase zu kommen, in der möglicherweise auch über einen Zeitraum von zehn Jahren Aktienfonds nur mäßig zulegen können. Natürlich wäre es schön, wenn wir wüssten, dass es bestimmte Fonds gibt, die mit Sicherheit 12 oder 15 % erwirtschaften. Was wir jedoch nur wissen, ist, dass es bestimmte Fonds gibt, die in den letzten fünf, zehn oder auch 15 Jahren solche Ergebnisse erzielt haben. Wüssten wir schon heute, welche Fonds in den nächsten zehn oder fünfzehn Jahren diese Ergebnisse erzielen werden, dann brauchten wir alle nicht mehr zu arbeiten, sondern müssten uns nur noch Geld für fünf, sechs oder sieben Prozent leihen und dann damit Aktienfonds kaufen.

Damit ist nichts gegen Aktienfonds gesagt, die eine sehr sinnvolle und attraktive Anlageform sind. Der sicherheitsorientierte Anleger wird gleichwohl eher die Kapitallebensversicherung wählen. Möglich ist es auch, beide Varianten zu kombinieren und einen Teil des zu tilgenden Betrages mit einer Lebensversicherung anzusparen, den anderen Teil mit einem Investmentfonds. Entscheidend ist letztlich Ihr persönliches Sicherheitsbedürfnis bzw. Risikoprofil.

Man hat in Berechnungen die Kosten der verschiedenen Finanzierungsvarianten unter bestimmten Prämissen verglichen. Als Ergebnis kristallisierte sich heraus, dass die Tilgungsaussetzung gegen Investmentfonds die günstigste Alternative war, gefolgt von einem Rentenversicherungs- und Fondspolicenmodell mit Mehrkosten von rund 3,3 %, dem Kapitallebensversicherungsdarlehen mit rund 6,7 % und dem Annuitätendarlehen mit Mehraufwendungen von rund 13,7 %.[16] Solche Vergleiche können jedoch immer nur aufgrund der Ergebnisse der verschiedenen Ansparformen in der Vergangenheit berechnet werden.

Jeder Immobilienerwerber muss sich letztlich nicht nur für eine abstrakte Finanzierungsvariante, sondern für das konkrete Angebot eines Finanzdienstleisters entscheiden. Die Vergleiche von Hypothekenzinsen, die man in den Medien findet, helfen da nur bedingt weiter. Manche Kunden „springen" auf ein Angebot, weil sie in der Zeitung gelesen haben, die Bank X biete Hypothekendarlehen, bei denen der anfängliche effektive Jahreszins um 0,1 Prozentpunkte günstiger sei als bei einem Wettbewerber. Doch so einfach ist es nicht, diese Vergleiche zu lesen. Einerseits ermöglicht zwar der „effektive Jahreszins" eher einen Vergleich als der bloße Nominalzins, weil in ihm schon viele Komponenten berücksichtigt sind. Andererseits sind leider auch in den Angaben zum effektiven Jahreszins längst nicht alle anfallenden Gebühren berücksichtigt. Zweitens können die Finanzierungskonstruktion und das Verhalten der Bank in schwierigen Situationen im Zweifelsfall wesentlich wichtiger sein als der Vorteil von 0,1 % gesparten Zinsen.

Drittens kommt es sehr darauf an, wie hoch die Bank den konkreten Beleihungswert für Ihre Immobilie einschätzt – und da kann es erhebliche Unterschiede geben. Nach der Höhe des geschätzten Beleihungswertes richtet es sich, für welche Summe Sie ein so genanntes erststelliges Darlehen mit einem günstigen Zins bekommen. Zwar können Sie auch darüber hinaus eine so genannte nachrangige Finanzierung erhalten, dann wird allerdings ein Zinszuschlag fällig. Was nützt es Ihnen jedoch, wenn der Vorteil eines etwas günstigeren Zinssatzes für Ihr erststelliges Darlehen durch einen deutlich höheren Zinssatz für die nachrangige Finanzierung wieder zunichte gemacht wird?

Erst die Finanzierung klären – dann zum Notar

Zum Schluss noch ein praktischer Rat: Sie sollten beim Kauf einer Immobilie immer eine bestimmte Reihenfolge beachten: Gehen Sie zuerst zur Bank und lassen Sie sich verbindlich die Finanzierung des ganz kon-

[16] Rainer König, Die optimale Baufinanzierung, Freiburg u. a. 1999, S. 97 f., der hier eine Untersuchung von Prof. Bockholt zitiert.

kreten Objektes zusagen. Erst danach gehen Sie zum Notar und unterschreiben den Kaufvertrag. Ich selbst habe es mir sogar zum eisernen Grundsatz gemacht, zuerst den Darlehensvertrag zu unterschreiben – und dann einige Stunden später zum Notar zu gehen und den Kaufvertrag zu unterschreiben. Leider sind die Banken nicht immer so schnell, wie wir uns dies wünschen – und zwar selbst bei einfachen Finanzierungen nicht. Umgekehrt ist der Verkäufer an einem raschen Abschluss interessiert, was aus seiner Sicht verständlich ist.

Jeder Verkäufer hat so lange Angst, dass es sich der Kunde anders überlegen könnte, bis endlich die Unterschrift unter den Notarvertrag erfolgt ist. Erst dann hat er seine Provision verdient – sonst waren alle Mühen und alle Arbeit umsonst. Da Verkäufer oft mit unentschlossenen und entscheidungsschwachen Käufern zu tun haben, die sich vielleicht noch im letzten Moment von der ängstlichen Ehefrau oder von den „gutmeinenden Bekannten" beeinflussen lassen, neigen sie dazu, den Käufer zu einem raschen Abschluss zu drängen.

Das sollten Sie nicht in jedem Fall als Zeichen eines unseriösen Vertriebes bewerten, sondern Sie müssen auch die Situation des Verkäufers verstehen. Trotzdem empfehle ich Ihnen: Auch wenn Sie Ihre Kaufentscheidung nach allen im letzten Kapitel beschriebenen Regeln sorgfältig getroffen haben, bleiben Sie trotzdem hart und erklären Sie dem Verkäufer, dass Sie erst dann den Kaufvertrag unterschreiben werden, wenn der Kreditvertrag bei der Bank unterzeichnet ist bzw. mindestens ein verbindliches Kreditangebot vorliegt. Schließlich verpflichten Sie sich im Kaufvertrag, zu einem bestimmten Zeitpunkt auf jeden Fall den vereinbarten Kaufpreis zu zahlen, und da sollten Sie sich schon sicher sein, dass Sie das Geld von der Bank auch wirklich bekommen.

Banken neigen in ihrem Finanzierungsgebaren manchmal zu Extremen. In Phasen der Immobilien-Euphorie, wie etwa Anfang der neunziger Jahre, finanzieren sie alles und jedes, oftmals ohne die notwendige Sorgfalt und Prüfung. Wenn es dann zu einer Immobilienkrise gekommen ist mit der Folge unangenehmer Wertberichtigungen, werden die Banken manchmal überängstlich, und es kann Ihnen passieren, dass Sie Probleme bei der Finanzierung eines Objektes bekommen, das Ihnen die gleiche Bank zwei Jahre vorher liebend gerne finanziert hätte.

Die Bank bewertet bei der Finanzierung jedoch nicht nur das konkrete Objekt, sondern auch immer Sie bzw. Ihre Bonität. Verständlicherweise finanziert die Bank lieber einen Beamten im gehobenen Dienst, bei dem es kein Risiko einer Arbeitslosigkeit gibt, als beispielsweise einen Existenzgründer, der sich erst im zweiten Jahr seiner Selbstständigkeit befindet und bei dem noch gar nicht klar ist, wie sich die wirtschaftliche Situation entwickeln wird.

Bevor Sie von der Bank finanziert werden, müssen Sie stets eine „Selbstauskunft" ausfüllen, in der Sie Ihre wirtschaftlichen Verhältnisse offen legen. Mein Tipp: Machen Sie die Angaben so vollständig wie nur möglich. Legen Sie mehr Belege bei, als die Bank verlangt, also zum Beispiel auch die Einkommensteuerbescheide der letzten fünf Jahre. Wenn der Kreditbearbeiter daraus sieht, dass Ihr Einkommen Jahr für Jahr gestiegen ist (und das wünsche ich Ihnen), wenn er darüber hinaus sieht, dass Sie ein schönes Vermögen in Aktien angespart haben und seit Jahren brav die Raten für Ihre Eigentumswohnung zahlen, dann sollte es keine Probleme mit der Finanzierung geben.

Schließlich und endlich: Sie sollten hart verhandeln. Ob es um Regelungen für Sondertilgungen geht, um die Höhe des Zinssatzes oder einfach nur um die Bearbeitungsgebühr: Die Bank wird Ihnen bestimmt keine günstigeren Konditionen anbieten, als Sie sie fordern. Auch wenn Sie gerne bei Ihrer Hausbank bleiben wollen, kann es durchaus sinnvoll sein, dort ein günstigeres Alternativangebot vorzulegen, das Ihnen eine andere Bank gemacht hat: „Ich möchte gerne bei Ihnen bleiben, aber ich habe hier ein Angebot, das es mir schwer macht, zu widerstehen. Wenn Sie die gleichen Konditionen bieten, dann bleibe ich selbstverständlich gerne bei Ihnen."

Ich habe schon von mehreren Maklern gehört, dass manche Banken die Finanzierung einer Immobilie abgelehnt haben, dem Kunden jedoch ein Exposé eines anderen Objektes unter die Nase hielten: „Das erschiene uns eine vernünftige Investition, die würden wir Ihnen finanzieren, sogar zu besseren Konditionen." Seien Sie in diesem Fall kritisch. Die Banken gehen zunehmend dazu über, selbst auf dem Feld der Immobilienvermittlung tätig zu werden. Alle großen Banken haben Tochtergesellschaften gegründet oder gekauft, die sich ausschließlich der Immobilienvermittlung widmen – so zum Beispiel die DB Immobilien (Deutsche Bank), die Aufina (Commerzbank) oder Dr. Lübke (Dresdner Bank). Selbstverständlich gibt es auch hier ausgezeichnete Makler und Angebote, die Sie mit einbeziehen sollten. Aber letztlich wollen auch die Banken – was ja ganz legitim ist – verkaufen und damit Provisionen verdienen. Sie sollten sich aber nicht wegen geringfügig besserer Finanzierungskonditionen, die man Ihnen vielleicht für ein hauseigenes Produkt gewährt, dazu verleiten lassen, Ihre einmal getroffene Entscheidung leichtfertig zu revidieren.

5 Steuern sparen mit Immobilien

Die Themen Immobilien und Steuern gehören in Deutschland untrennbar zusammen. Die eigentliche Wohnungsbaupolitik, so heißt es, macht hierzulande nicht der Bauminister, sondern der Finanzminister. Und Vertriebler, die Immobilien an Kapitalanleger verkaufen, haben viele Jahre lang weniger über ihre Produkte als über Steuervorteile gesprochen. Nachdem im März 1999 mit Rückwirkung zum 1. Januar 1999 die steuerlichen Rahmenbedingungen für Immobilien verschlechtert wurden – ich werde diese Änderungen in diesem Kapitel ausführlich darstellen –, heißt es oft, die Immobilienwirtschaft müsse sich „weg von den Steuervorteilen und hin zur Rendite orientieren".

Ich erwarte jedoch, dass die Steuerorientierung, vor allem auch für den Bereich der Wohnimmobilien – aber nicht nur für diesen –, bestehen bleiben bzw. in einigen Jahren vielleicht sogar verstärkt wiederkommen wird. Der Gesetzgeber hat schon in der Vergangenheit mehrfach versucht, Abschreibungsbedingungen zu streichen oder zu verschlechtern, musste aber immer wieder neue Steuervorteile gewähren, so beispielsweise die Sonderabschreibung Ost, die 1991 nach der Wiedervereinigung eingeführt wurde. Und dies wird so lange so bleiben, wie die eigentliche Ursache für diese steuerlichen Vergünstigungen fortbesteht. Warum also müssen immer wieder erhebliche Steuervorteile für Immobilieninvestitionen gewährt werden? Es handelt sich hierbei keineswegs um großzügige „Steuergeschenke" des Staates, wie manchmal behauptet wird. Der Grund besteht vielmehr darin, dass in Deutschland besonders mit Wohnimmobilien keine wettbewerbsfähigen Renditen zu erzielen sind. Und dies liegt wiederum daran, dass wir ein extrem restriktives Mietrecht haben, welches die Mieten künstlich niedrig hält, dass wir über Jahrzehnte einen massiven sozialen Wohnungsbau hatten, der die Marktverhältnisse extrem verzerrte, und dass wir schließlich ein Baurecht haben, welches das Bauen teuer macht. Wenn der Gesetzgeber aber das marktwirtschaftliche Spiel von Angebot und Nachfrage durch Überregulierung einschränkt bzw. in weiten Bereichen außer Kraft setzt, wenn also die Mieten künstlich niedrig gehalten und das Bauen teuer gemacht wird, dann führt dies zu niedrigen Renditen, die im Wettbewerb mit alternativen Kapitalanlagemöglichkeiten nicht mithalten können.

Solange also das Mietrecht nicht liberalisiert wird – und dies will außer der FDP derzeit keine Partei in Deutschland –, werden weiterhin Steuervorteile notwendig sein, damit genügend Kapital in den Mietwohnungsbau fließt. Die Politik mag diese Zusammenhänge manchmal aus dem Auge verlieren, wenn sie kurzatmig „Steuerschlupflöcher für Abschreibungskünstler" schließt, aber die Erfahrung zeigt, dass eine solche Politik schon nach wenigen Jahren zu einer Verknappung des Wohnungsangebotes führt, sodass dann wiederum die Notwendigkeit entsteht, gegenzusteuern, also neue Steuervorteile und damit Investitionsanreize zu gewähren.

Diese Steuervorteile werden vor allem durch besondere Abschreibungsregeln gewährt, die in § 7 EStG definiert werden. Ich möchte zunächst die wichtigsten Abschreibungsvergünstigungen für vermietete Wohnimmobilien (also Eigentumswohnungen oder Häuser) darstellen, um dann in einem zweiten Schritt die neuen Regelungen zur Begrenzung bzw. Abschaffung der Verlustverrechnung (§§ 2, Abs. 3 und 2b EStG), die am 4. März 1999 im Deutschen Bundestag beschlossen wurden, zu erläutern.

Lineare Abschreibung (§ 7, Abs. 4 EStG)

Die lineare Abschreibung ist der Normalfall und kann für sämtliche vermieteten Wohnobjekte in Anspruch genommen werden. Sie beträgt jedoch nur 2 % bzw. für Gebäude, die vor dem 1. Januar 1925 fertig gestellt worden sind, 2,5 %. Sie ist immer dann steuerlich uninteressant, wenn auch höhere Abschreibungen möglich sind.

Degressive Abschreibung (§ 7 Abs. 5 EStG)

Die degressive Abschreibung gilt für Neubauten. Sie muss im Jahr der Fertigstellung in Anspruch genommen werden. Anspruchsberechtigt ist entweder der Bauherr oder derjenige, der ein Gebäude kauft. Dabei können im Jahr der Fertigstellung oder der Anschaffung und in den folgenden sieben Jahren jeweils 5 % abgeschrieben werden, in den darauf

Steuern sparen mit degressiver AfA

Annahme: Steuerpflichtiger erwirbt eine neu errichtete Eigentumswohnung, Kaufpreis: DM 400 000 (inkl. Erwerbsnebenkosten), Gebäudeanteil als Bemessungsgrundlage: DM 300 000

Neubauförderung für Investoren gemäß § 7 (5) Nr. 3b EStG

	ohne § 7 (5) Nr. 3b EStG	mit § 7 (5) Nr. 3b EStG
Einkünfte aus nichtselbstständiger Arbeit	200 000,00	200 000,00
– Werbungskosten-Pauschbetrag	2 000,00	2 000,00
Einkünfte nichtselbstständige Arbeit	198 000,00	198 000,00
= Summe der Einkünfte	198 000,00	198 000,00
= Gesamtbetrag der Einkünfte	198 000,00	198 000,00
– Vorsorgepauschale	3 915,00	3 915,00
– Sonderausgabenpauschale	108,00	108,00
– Betrag gem. § 7 (5) Nr. 3b EStG (5 % von 300 000)	0,00	15 000,00
= Einkommen	193 977,00	178 977,00
= zvE	193 977,00	178 977,00
Abrundung	193 968,00	178 956,00
festzusetzende Steuer	90 673,46	82 717,10
Soli 5,5 %	4 987,04	4 549,44
Gesamt	95 660,50	87 266,54
Steuerersparnis 1999	**1×**	**8 393,96**
Steuerersparnis 2000 und 2001	**2×**	**8 077,21**
Steuerersparnis ab 2002 bis 2006	**5×**	**7 681,27**
Gesamtersparnis		**62 954,70**

Annahmen: ledig, keine Kirche, keine weiteren Einkünfte

Basis: Steuertarif 1999 unter Berücksichtigung der Änderungen des Tarifs durch das StEntlG in 2000 und 2002

Quelle: Dr. Beate Dimitrow, KPMG Berlin

folgenden sechs Jahren jeweils 2,5 % und in den folgenden 36 Jahren jeweils 1,25 %.

Wer also im Jahr 1999 eine neue Eigentumswohnung für 300 000 DM (Gebäudeanteil) kauft und diese vermietet, der darf in den ersten acht Jahren 15 000 DM abschreiben, in den folgenden sechs Jahren 7500 DM und danach nur noch 3750 DM.

Bei einem Steuerbürger, der 200 000 DM Einkünfte im Jahr erzielt, führt die degressive Abschreibung immerhin schon im ersten Jahr zu einer Steuerersparnis von etwa 8400 DM, in den ersten acht Jahren kann er insgesamt fast 63 000 DM Steuern sparen (siehe Rechenbeispiel: Steuern sparen mit degressiver AfA, S. 66).

Die CDU/CSU-FDP-Koalition hatte im Jahr 1998 im Zusammenhang mit der Steuerreform im Bundestag die Abschaffung der degressiven AfA beschlossen. Zunächst wollte man diese auf einen einheitlichen Abschreibungssatz von 2 % reduzieren, dann auf einen Satz von 3 %. Allerdings wurde aus diesem Vorhaben nichts, weil die Steuerreform von der SPD-dominierten Mehrheit des Bundesrates gekippt wurde.

Im Zuge der „Steuerreform" von SPD und Grünen wurde die degressive AfA nicht verändert, obwohl dies die Grünen gefordert hatten. Es ist jedoch nicht auszuschließen, dass es gerade in diesem Bereich doch noch zu Korrekturen, also zu Verschlechterungen, kommen wird, was erhebliche Probleme für den Neubau von Mietwohnungen mit sich bringen würde.

Denkmalschutz-Abschreibung (§ 7i EStG)

In Deutschland, besonders auch in den neuen Bundesländern, stehen zahlreiche Häuser unter Denkmalschutz. Bei der Sanierung von Denkmälern sind umfangreiche Auflagen der Denkmalschutzbehörden zu beachten, die meist zu einer erheblichen Verteuerung der Baumaßnahmen führen. Als Ausgleich dafür werden Baukosten an Baudenkmälern steuerlich begünstigt. Die erhöhten Absetzungen betragen im Jahr der Herstellung bzw. beim Kauf eines Objektes im Jahr des Abschlusses der Baumaßnahmen und in den folgenden neun Jahren jeweils 10 % der begünstigten Anschaffungs- und Herstellungskosten.

Zu beachten ist dabei jedoch die Bemessungsgrundlage für die erhöhte Abschreibung. Begünstigt sind nur diejenigen Baukosten, die zur Substanzerhaltung des Baudenkmals oder zu seiner sinnvollen Nutzung erforderlich sind. Wer also eine goldene Badewanne oder gar ein Schwimmbecken einbaut, kann diese Kosten nicht erhöht absetzen.

Manchmal steht nicht das ganze Gebäude unter Denkmalschutz, sondern nur die Fassade. Dies führt dazu, dass nur ein geringerer Teil der Baumaßnahmen erhöht abgeschrieben werden kann. Welche Aufwendungen förderungswürdig sind und welche nicht, darüber entscheidet die Denkmalschutzbehörde, die vor Beginn der Maßnahmen eine entsprechende Bescheinigung ausstellt. Diese Bescheinigung ist dann in der Regel auch für das Finanzamt verbindlich.

Wichtig ist auch: Wer ein zu sanierendes Baudenkmal kauft, muss zuerst den Kaufvertrag abschließen, erst danach dürfen die Baumaßnahmen durchgeführt werden. Diese Reihenfolge muss unbedingt beachtet werden, um in voller Höhe von den Steuervorteilen zu profitieren. Wer ein bereits saniertes Gebäude kauft, kommt auch dann nicht in den Genuss der erhöhten Abschreibung, wenn es sich um ein Baudenkmal handelt, sondern er kann dann nur die lineare Abschreibung vornehmen.

Dass sich die Denkmalschutz-Abschreibung lohnt, und diese sogar oftmals deutlich attraktiver ist als die degressive AfA für Neubauten, zeigt ein Rechenbeispiel (siehe S. 69: Steuern sparen mit Denkmalschutz).

Nehmen wir an, ein Steuerbürger (ledig, Einkünfte 200 000 DM im Jahr) erwirbt eine zu sanierende Eigentumswohnung, die unter Denkmalschutz steht. Der Kaufpreis für das „Paket“ (Altbausubstanz plus Sanierungskosten) beträgt 425 000 DM zuzüglich Erwerbsnebenkosten. Der Sanierungsaufwand als Bemessungsgrundlage für die Abschreibung beträgt 300 000 DM. Der Steuerpflichtige kann bereits im ersten Jahr fast 17 000 DM Steuern sparen, in zehn Jahren spart er etwa 156 600 DM.

Steuern sparen mit Denkmalschutz

I. Die Investition		
Wohnfläche	90 qm	
notarieller Kaufpreis	425 000,00	
davon Grundstück	62 000,00	15 %
Altbausubstanz	103 000,00	24 %
Sanierungsaufwand	260 000,00	61 %
Anschaffungsnebenkosten einschl. Grunderwerbsteuer	65 385,00	
Anschaffungskosten gesamt:		
Grundstück	71 539,00	
Altbausubstanz	118 846,00	
Sanierungsaufwand	**300 000,00**	**Bemessungsgrundlage nach § 7i EStG**

II. Steuerliche Auswirkungen	**ohne § 7i EStG**	**mit § 7 i EStG**
Einkünfte aus nichtselbstständiger Arbeit	20 000,00	200 000,00
– Werbungskosten-Pauschbetrag	2 000,00	2 000,00
Einkünfte nichtselbstständige Arbeit	198 000,00	198 000,00
= Summe der Einkünfte	198 000,00	198 000,00
= Gesamtbetrag der Einkünfte	198 000,00	198 000,00
– Vorsorgepauschale	3 915,00	3 915,00
– Sonderausgabenpauschale	108,00	108,00
– Betrag gem. § 7 i EStG (10 % von 300 000)	0,00	30 000,00
= Einkommen	193 977,00	163 977,00
= zvE	193 977,00	163 977,00
Abrundung	193 968,00	163 944,00
festzusetzende Steuer	90 673,46	74 760,74
Soli 5,5 %	4 987,04	4 111,84
Gesamt	95 660,50	78 872,58
Steuerersparnis 1999	1×	**16 787,92**
Steuerersparnis 2000 und 2001	2×	**16 154,41**
Steuerersparnis ab 2002 bis 2006	7×	**15 362,53**
Gesamtersparnis		**156 634,46**

Annahmen: ledig, keine Kirche, keine weiteren Einkünfte

Basis: Steuertarif 1999 unter Berücksichtigung der Änderungen des Tarifs durch das StEntlG in 2000 und 2002

Quelle: Dr. Beate Dimitrow, KPMG Berlin

Denkmalschutz-Abschreibung auch für Selbstnutzer (§ 10f EStG)

Normalerweise gibt es Steuervorteile nur für Vermieter, nicht aber für Selbstnutzer von Immobilien (diese erhalten nur die Eigenheimzulage). Eine Ausnahme stellt der Bereich des Denkmalschutzes und der in Sanierungsgebieten gelegenen Objekte (s.u.) dar. Nach § 10f EStG gelten die Steuervorteile der §§ 7h und 7i, also die Möglichkeit, begünstigte Aufwendungen über zehn Jahre abzuschreiben, analog auch für denjenigen, der selbst in ein Baudenkmal oder ein Wohngebäude in einem Sanierungsgebiet einzieht.

Dies ist eine gute Möglichkeit für so genannte „Besserverdiener", die wegen der Einkommenshöchstgrenzen nicht einmal die Eigenheimzulage bekommen und für die sich in der Regel der Kauf einer selbst genutzten Immobilie nicht lohnt. Generell sollten Sie jedoch bei Baudenkmälern beachten, dass zwar die Abschreibungsmöglichkeiten attraktiv sind, aber auch die Baukosten wegen der Auflagen der Denkmalschutzbehörden oft deutlich höher sind, sodass diese Mehrkosten teilweise den Steuervorteil kompensieren oder sogar überkompensieren.

Vor allem müssen Sie jedoch darauf achten, dass der Architekt und der Bauträger, die sich an ein Baudenkmal heranwagen, in diesem Bereich über umfangreiche Erfahrungen verfügen. Insbesondere ist Erfahrung in der Zusammenarbeit mit den Denkmalschutzbehörden wichtig.

Auch die Abschreibungen für Baudenkmäler sollten erheblich reduziert werden. Sowohl die Steuerreform von CDU/CSU und FDP als auch der erste Entwurf der Steuerreform von SPD und Grünen hatten vorgesehen, die Abschreibungsdauer von zehn auf zwanzig Jahre zu verdoppeln, also die Abschreibungssätze von 10 auf 5 % zu halbieren. Erst der massive Protest der Denkmalschützer führte dazu, dass man diese unsinnige „Reform" doch nicht umsetzte, sodass bei den §§ 7i und 10f alles beim alten blieb. Ein Vorteil, wenn Sie als Selbstnutzer die Steuervorteile des § 10f nutzen, ist, dass Sie von dem tückischen „Fallensteller-Paragrafen" 2b EStG (siehe S. 76 ff.) mit aller Wahrscheinlichkeit nicht betroffen sind. Denn dieser Paragraf verbietet nur den Ausgleich von Verlusten. Solche sind aber nicht gegeben, weil es sich im steuerrechtlichen

Sinne bei den Steuervorteilen für Eigennutzer nach § 10f EStG um Sonderausgaben handelt, die von § 2b EStG nicht erfasst werden.

Erhöhte Absetzungen in Sanierungsgebieten (§ 7h EStG)

Die Städte weisen bestimmte Straßenzüge oder Teile davon als „Sanierungsgebiete" aus. Um zu Investitionen in solchen förmlich ausgewiesenen Sanierungsgebieten (für die es oftmals auch zusätzliche Förderungen und Zuschüsse durch die Länder oder die Kommunen gibt) anzureizen, hat der Gesetzgeber die Möglichkeit vorgesehen, erhöhte Absetzungen von 10 % der Herstellungskosten für die Modernisierung und Instandhaltung über zehn Jahre abzuschreiben.

Sanierungsgebiete sind jedoch nur etwas für ausgesprochene Profis. Ohne Begleitung durch einen Rechtsanwalt, der auf diese Materie spezialisiert ist, kann die Investition in einem Sanierungsgebiet zu einem Abenteuer werden, an das sich der Investor nicht gerne zurückerinnert.

So gibt es in vielen Städten (besonders in Berlin und in den neuen Bundesländern) so genannte „Mietobergrenzen" in Sanierungsgebieten, welche die Investition selbst bei Berücksichtigung der Steuervorteile unrentabel machen. Außerdem können die Gemeinden nach § 153 f. des Baugesetzbuches von dem Eigentümer eines Hauses in einem Sanierungsgebiet einen „Ausgleichsbetrag" erheben, wenn das Objekt aus dem Sanierungsgebiet entlassen oder das ganze Sanierungsgebiet aufgelöst wird. Denn der Gesetzgeber ist der Meinung, dass sich nach der Erfüllung der Sanierungsziele der Bodenwert der Grundstücke wegen der Verbesserungen entsprechend erhöht habe. Die Höhe des Ausgleichsbetrages soll den Wertsteigerungen entsprechen. Zum Zeitpunkt der Investition ist jedoch für den Eigentümer nicht abzusehen, welche Belastung später einmal auf ihn zukommen könnte. Für ein Objekt mit einem Wert von 1,5 Millionen DM können dies schon einmal 100 000 DM sein.

Darüber hinaus brauchen Sie für alle wirtschaftlich relevanten Vorgänge in einem Sanierungsgebiet besondere Genehmigungen der Behörden, auch für solche, die ansonsten genehmigungsfrei sind, also zum Beispiel für den Verkauf oder die Teilung eines Grundstücks, die Bestellung einer Hypothek oder die Modernisierung.

Sonderabschreibungen und Investitionszulage

Das Fördergebietsgesetz mit der Sonderabschreibung für die neuen Bundesländer ist zum 31. Dezember 1998 ausgelaufen und wurde durch das Investitionszulagengesetz abgelöst. Dennoch sollen einige Bestimmungen des Fördergebietsgesetzes hier noch einmal aufgeführt werden, und zwar aus zwei Gründen: Erstens haben zahlreiche Kapitalanleger in den letzten Jahren in Berlin und den neuen Bundesländern investiert, und aufgrund der Möglichkeit, die Sonderabschreibung frei über die ersten fünf Jahre zu verteilen, bleiben diese Steuervergünstigungen ein wichtiges Thema. Zum Zweiten wurden viele Milliarden DM an Sonderabschreibung in so genannten „Frischhaltepackungen“ konserviert. Man spricht hier von „Konservierungsmodellen“, die es dem Steuerbürger ermöglichen, noch bis zum Ende des Jahres 2000 eine Sonder-AfA-Immobilie zu erwerben, obwohl es die Sonder-AfA eigentlich gar nicht mehr gibt.

Doch bevor wir diese besondere Chance darstellen, zunächst zu einigen grundlegenden Bestimmungen, wie sie am Ende des Jahres 1998 gegolten haben (die Abschreibungssätze wurden mehrfach geändert, wir wollen diese nur auf dem letzten gültigen Stand darstellen, soweit sie Wohnimmobilien betreffen).[17] Gewährt wurde die Sonderabschreibung, um die Folgen von 40 Jahren sozialistischer Misswirtschaft in den neuen Bundesländern in den Griff zu bekommen. Der Gesetzgeber sah, dass ohne massive steuerliche Förderung weder im Bereich des Neubaus noch im Bereich der Altbaumodernisierung die erforderlichen Investitionen getätigt würden.

Gefördert wurden also ausschließlich Immobilieninvestitionen in Berlin (und zwar Ost wie West) und in den fünf neuen Bundesländern. Bei Neubaumaßnahmen konnten bis Ende 1996 50 % der Herstellungs- oder Anschaffungskosten abgeschrieben werden, vom 1.1.1997 bis zum Ende des Fördergebietsgesetzes am 31.12.1998 galt für Wohnimmobilien nur noch die Hälfte dieses Satzes, d. h. 25 % konnten abgeschrieben werden.

[17] Die beste Darstellung zum Fördergebietsgesetz stammt von Hans-Joachim Beck, Sonderabschreibungen nach dem Fördergebietsgesetz für Immobilieninvestitionen im Privatvermögen, Berlin 1999.

Nun kann man einwenden, dass die 25 % Sonder-AfA im Grunde genommen uninteressant sind, weil ja ohnehin durch die degressive AfA für Neubauten in den ersten fünf Jahren insgesamt 25 % abgeschrieben werden können. Berücksichtigen Sie jedoch, dass im Jahr der Inanspruchnahme von Sonderabschreibungen zusätzlich die lineare AfA von 2 % in Anspruch genommen werden kann. Bei gleichmäßigem Verlauf der Sonderabschreibung können innerhalb des Förderzeitraums also bis zu maximal 35 % abgeschrieben werden. Das besondere Bonbon bei der Sonder-AfA war jedoch, dass der Gesetzgeber die Möglichkeit geschaffen hat, die Sonderabschreibung in den ersten fünf Jahren frei zu verteilen, sodass der Steuerbürger die Höhe der in jedem Jahr vorgenommenen Abschreibung flexibel seinem zu versteuernden Einkommen anpassen konnte.

Kluge Investoren haben daher in den letzten Jahren Sonder-AfA-Immobilien „auf Vorrat" gekauft und nehmen die Abschreibungen erst in den nächsten Jahren vor.

Beispiel:
Sie haben im Dezember 1998 mit notariellem Kaufvertrag eine Immobilie in Berlin erworben. Es war nicht einmal notwendig, dass diese Immobilie bereits fertig gestellt war, da aufgrund einer besonderen Regelung des Fördergebietsgesetzes auch die Anzahlungen schon begünstigt sind. Es reicht also, dass Sie den Kaufvertrag geschlossen haben und der Kaufpreis bis Ende Dezember gezahlt worden ist (allerdings muss das Objekt dann in der Regel bis Ende 1999 fertig gestellt sein). Wenn Sie die Steuervorteile in den Jahren 1998, 1999 und 2000 nicht gebrauchen können, können Sie beispielsweise 15 % der Sonderabschreibung im Jahr 2001 nehmen und weitere 10 % im Jahr 2002. Sie können auch die gesamte Sonderabschreibung in Höhe von 25 % erst im Jahr 2002 in Anspruch nehmen.

Diese Möglichkeit hat auch derjenige, der Ende 1996 eine Sonder-AfA-Neubauimmobilie wirksam angezahlt hat, er kam noch in den Genuss der 50 %-Sonderabschreibung. Er konnte sich diese beispielsweise für das Jahr 2000 aufheben, sodass er zu einem Zeitpunkt, wo die Sonder-AfA längst abgeschafft ist, von diesem Steuervorteil profitieren kann. Nachdem die Sonder-AfA für Neubauten Ende 1996 allerdings halbiert wurde, verlagerte sich die Aufmerksamkeit, wie vom Gesetzgeber auch so gewollt, vom Bereich des Neubaus auf den Bereich der Altbaumodernisierung.

Hier galt vom 1. Januar 1997 bis Ende 1998 folgende Regelung: Abgeschrieben werden konnten, frei verteilt über die ersten fünf Jahre, 40 % der Modernisierungs- und Instandsetzungskosten. Und – was besonders attraktiv war: Auch die restlichen Modernisierungskosten können bis zum zehnten Jahr auf dem Wege der so genannten „Restwertabschreibung" abgesetzt werden. Das Ergebnis war faktisch, dass in zehn Jahren 100 % der Modernisierungskosten abgeschrieben werden konnten.

In der Praxis wurde dies vor allem deshalb attraktiv, weil die Modernisierungskosten oft wesentlich höher waren als der Wert der Altbausubstanz, die nur mit der linearen AfA von 2 bzw. 2,5 % abgeschrieben werden konnte.

Beispiel:
Ein Bauträger verkauft einem Kapitalanleger ein Paket, das sowohl die Altbausubstanz als auch eine Modernisierungsverpflichtung enthält. Das gesamte Paket – eine Wohnung mit 50 qm plus die Modernisierung – kostet 180 000 DM. Von diesen 180 000 DM entfielen 70 % (also 126 000 DM) auf die Modernisierungskosten, 30 % (54 000 DM) auf die Altbausubstanz und den Grund und Boden. Bemessungsgrundlage für die Sonder-AfA waren also 126 000 DM. Davon konnten 40 %, also 50 400 DM, frei verteilt in den ersten fünf Jahren abgeschrieben werden. Hinzu kam noch die lineare AfA für die Altbausubstanz sowie die lineare AfA für die Modernisierungskosten. Der Rest der Modernisierungskosten konnte dann bis zum zehnten Jahr abgeschrieben werden, und zwar in jeweils gleichen Teilen (Restwertabschreibung) – eine freie Verteilung wie bei der Sonder-AfA war also nicht möglich.

Bedingung war hierbei allerdings, ähnlich wie bei der Denkmalschutz-AfA, dass der Anleger zuerst den Kaufvertrag schloss und erst danach die Modernisierungsarbeiten durchgeführt wurden. Wer einen bereits modernisierten Altbau erwarb, kam nicht in den Genuss der Steuervorteile, sondern konnte nur die lineare AfA vornehmen. Und wer einen bereits angefangenen Sanierungsbau erwarb, konnte die Förderung nur für die nach Abschluss des Kaufvertrages entstandenen Kosten beanspruchen.

Eine Besonderheit des Fördergebietsgesetzes war jedoch, dass Anspruchsberechtigter für die Sonder-AfA nicht nur der Einzelne Steuerpflichtige war, sondern auch eine Personengesellschaft, die eine Immobilie erwarb. Dadurch kamen intelligente Bauträger und Investoren auf die Idee, die Sonder-AfA gleichsam zu konservieren.

Diese Konservierungsmodelle funktionieren im Prinzip so: Eine Personengesellschaft, die bis Ende 1998 eine Immobilie angeschafft und die Kosten (einschließlich der Kosten für die Modernisierung) voll angezahlt hat, erwirbt den Anspruch für die Sonder-AfA. Treten dann in den Jahren 1999 oder 2000 weitere Anleger dieser Personengesellschaft bei, dann kommen diese in den Genuss der Steuervorteile, die es eigentlich gar nicht mehr gibt. Die Zulässigkeit dieser Konservierungsmodelle war in den letzten Jahren durch Erlasse und Schreiben des Bundesfinanzministeriums mehrfach bestätigt worden. Eine Übergangsregelung für den neuen § 2b EStG hat den zeitlichen Rahmen für den Beitritt zu solchen Konstruktionen allerdings bis zum 31. Dezember 2000 befristet.

Bevor ich auf diese wichtigen Änderungen im Einkommensteuergesetz eingehe, soll kurz die Investitionszulage dargestellt werden, die an Stelle des Fördergebietsgesetzes getreten ist. Kurz deshalb, weil es sich hier nicht um einen Steuervorteil, sondern eben um eine Zulage handelt, die, besonders für besserverdienende Bürger, im Vergleich zur Sonderabschreibung unattraktiv ist. Wer einen Altbau in den neuen Bundesländern oder in Ostberlin modernisiert und das Objekt mindestens fünf Jahre lang vermietet, hat Anspruch auf eine Investitionszulage in Höhe von 15 % der Modernisierungskosten. Unsinnigerweise werden jedoch nur Modernisierungskosten bis zu einer Höhe von 1200 DM/qm gefördert. Wer also teurer modernisiert, erhält für die Mehraufwendungen keine Zulage. In bestimmten eingegrenzten Fällen werden auch Neubaumaßnahmen gefördert – hier beträgt die Förderung 10 %, die Kappung erfolgt bei 4000 DM. Diese Regelungen sind allenfalls für denjenigen interessant, der schon vermietete Immobilien in den neuen Bundesländern besitzt und größere Reparaturen oder Modernisierungsmaßnahmen durchführen will. Er kann dann neben den steuerlichen Vorteilen des „sofort abzugsfähigen Erhaltungsaufwandes“ (dazu später) noch dazu die Investitionszulage „mitnehmen“.

Ich habe schon mehrfach die Änderung des Einkommensteuergesetzes angesprochen, die für sämtliche Immobilieninvestitionen von erheblicher Bedeutung sind. Dabei handelt es sich um recht komplizierte Regelungen, die zudem teilweise so formuliert sind, dass sie sogar den Steuerexperten Kopfzerbrechen bereiten und auf Anhieb nicht verständlich sind. Worum geht es?

Mindestbesteuerung und „Fallensteller-Paragraf“ (§§ 2 Abs. 3 und 2b EStG)

Am 4. März 1999 hat der Bundestag im Zusammenhang mit dem so genannten Steuerentlastungsgesetz eine Änderung des Einkommensteuergesetzes beschlossen, die geradezu als Systembruch bezeichnet werden muss. Um diese Änderungen zu verstehen, müssen wir uns einen Moment lang mit der politischen Vorgeschichte befassen.

Die Sonderabschreibung führte seit Mitte der neunziger Jahre zunehmend zu Neidkampagnen in der Öffentlichkeit. Die Politiker, die diese Steuervorteile beschlossen hatten, bezeichneten nun diejenigen Bürger, die diese in Anspruch nahmen, als „Abschreibungskünstler“, die „Steuerschlupflöcher“ missbrauchten. Für den Laien, für den diese Materie in hohem Maße undurchsichtig ist, wurden diese „Abschreibungskünstler“ in die Nähe von Steuerhinterziehern gerückt.

Ein besonderer Dorn im Auge waren den Kritikern jene Bürger, welche die Möglichkeiten des Fördergebietsgesetzes oder auch anderer Steuersparmodelle (wie etwa Schiffsbeteiligungen, Medienfonds, Flugzeugfonds etc.) nutzten, um ihre Steuerlast „auf Null“ zu setzen. Um diesem vermeintlichen „Missstand“ abzuhelfen, forderte die SPD bereits 1998 in ihrem Wahlprogramm die Einführung einer „Mindestbesteuerung“. Diese wurde dann auch beschlossen, und zwar in der Form der Änderung des § 2 EStG. In § 2 Abs. 3 EStG ist eine „Mindestbesteuerung“ vorgesehen, die ab dem Jahr 1999 alle Steuerbürger trifft.

Danach können Verluste nicht mehr, so wie bisher, unbeschränkt mit positiven Einkünften aus anderen Einkunftsarten ausgeglichen werden. Ledige können nur noch bis zu einer Höhe von 100 000 DM Verluste unbeschränkt ausgleichen (für Verheiratete gilt der doppelte Sockelbetrag). Darüber hinausgehende Verluste können nur bis zur Höhe der Hälfte der verbleibenden positiven Einkünfte ausgeglichen werden. Verluste, die darüber hinausgehen, können für ein Jahr bis zu maximal zwei Millionen DM zurück- oder unbeschränkt vorgetragen werden.

Beispiel:

Ein Steuerpflichtiger (ledig) hat einen Gewinn aus freiberuflicher oder gewerblicher Tätigkeit in Höhe von 400 000 DM erzielt. Er hat außerdem Verluste aus Vermietung und Ver-

pachtung in Höhe von 500 000 DM. Bisher konnte er damit sein zu versteuerndes Einkommen und damit seine Steuerlast auf Null setzen. Dies ist nun nicht mehr möglich. Er darf zunächst 100 000 DM verrechnen. Es bleiben 300 000 DM Gewinn übrig. Davon die Hälfte sind 150 000 DM, die er auch noch mit dem Verlust verrechnen darf. Insgesamt kann er also 250 000 DM ausgleichen, aber auf 150 000 DM muss er Steuern zahlen. Die 250 000 DM Verluste aus Vermietung und Verpachtung, die er in diesem Jahr nicht verrechnen kann, können gemäß § 10d EStG zurück- oder vorgetragen werden. Allerdings beginnt dann die gleiche Rechnung getrennt für die einzelnen Einkunftsarten wieder von neuem.

Das Verfahren, das hier sehr vereinfacht dargestellt wurde, ist in Wahrheit so kompliziert – vor allem für Verheiratete –, dass es für den normalen Steuerbürger, und wohl auch für die Mehrheit der Steuerberater und Finanzbeamten, schier unverständlich ist. In der Praxis wird diese Regelung nur durch EDV-Einsatz anwendbar sein. Dabei musste der Gesetzgeber im Grunde schon vor der Verabschiedung dieses Gesetzes erkennen, dass der gewünschte Effekt, nämlich Mehreinnahmen für den Fiskus zu erzielen, wohl kaum erreicht wird. Denn die allermeisten Anleger sind wegen der Sockelbeträge kaum betroffen. Zudem hat die neue Regelung sogar den Vorteil, dass nunmehr Verluste vor- und zurückgetragen werden können, ohne die schmerzliche Nullzone durchlaufen zu müssen.

Denn schon bislang war es in der Regel meistens unsinnig, das zu versteuernde Einkommen auf Null zu reduzieren. Wegen des progressiven Steuertarifs wirken sich nämlich Verluste nur im oberen Progressionsbereich maximal steuermindernd aus. Anders gesagt: Jede Verlustmark im oberen Bereich führt vielleicht zu einer Steuerersparnis von fünfzig Pfennig oder mehr. Wer hingegen im unteren Bereich Verluste geltend macht, der kann vielleicht nur noch dreißig oder zwanzig Pfennig Steuern sparen.

Durch die Mindeststeuer-Regel werden Anleger in bestimmten Einkommensgruppen nunmehr gezwungen, die Verluste nur noch im oberen Progressionsbereich, also mit maximal steuermindernder Wirkung, geltend zu machen. Über die Jahre betrachtet, führt das für die meisten Anleger sogar zu einer höheren Steuerersparnis. Da dies so ist, steht allerdings zu befürchten, dass die Kappung des Verlustausgleichs nur einen

Einstieg bedeutet. Niemand garantiert dem Bürger, dass der Gesetzgeber nicht schon in wenigen Jahren eine Reduktion des Sockelbetrages beschließt. So könnte eine modifizierte Regelung beispielsweise lauten, dass nur noch bis zu einer Höhe von 50 000 DM Verluste unbeschränkt ausgleichsfähig sind und dass darüber hinausgehende Verluste nur noch in Höhe von einem Drittel der verbleibenden positiven Einkünfte verrechnet werden dürfen.

Zunächst als Alternative zur Mindestbesteuerung war ein anderer Vorschlag diskutiert worden, der aus dem Bundesland Nordrhein-Westfalen kam und der schließlich ergänzend zur Mindestbesteuerung in dem neuen § 2b (so genannter „Fallensteller-Paragraf") seinen Niederschlag gefunden hat. Dieser Paragraf hat in der Immobilienwirtschaft zu einer erheblichen Verunsicherung geführt. Worum geht es?

Der Paragraf soll künftig sämtliche „Verlustzuweisungsgesellschaften" unmöglich machen. Wer sich an einer solchen Verlustzuweisungsgesellschaft oder einem „ähnlichen Modell" beteiligt, kann Verluste überhaupt nicht mehr – auch nicht innerhalb der oben beschriebenen Grenzen der Mindestbesteuerung – mit positiven Einkünften aus anderen Einkunftsarten verrechnen. Ja, noch schlimmer, wer beispielsweise Verluste aus einer Immobilieninvestition bzw. -beteiligung erzielt, die unter diesen Paragrafen fällt, darf diese Verluste nicht einmal mit positiven Erträgen aus einer anderen Immobilie verrechnen, die nicht unter diese Regelung fällt.

Völlig unklar ist indes, was unter einer „Verlustzuweisungsgesellschaft" oder einem „ähnlichen Modell" genau zu verstehen ist. Im Gesetz heißt es lediglich als Kriterium, dass „bei dem Erwerb oder der Begründung der Einkunftsquelle die Erzielung eines steuerlichen Vorteils im Vordergrund steht". Nach dem Wortlaut des Paragrafen soll die Erzielung eines steuerlichen Vorteils „insbesondere" dann im Vordergrund stehen, wenn nach dem Betriebskonzept der Gesellschaft, Gemeinschaft oder des ähnlichen Modells die Rendite auf das einzusetzende Kapital nach Steuern mehr als das Doppelte dieser Rendite vor Steuern beträgt und die Betriebsführung des Modells überwiegend auf diesem Umstand beruht. Ein zweiter Anhaltspunkt für das Vorliegen einer „Verlustzuweisungsgesellschaft" ist, dass Kapitalanlegern Steuerminderungen durch Verlustzuweisungen in Aussicht gestellt werden.

Aber auch wenn keiner dieser beiden Punkte erfüllt ist, handelt es sich gleichwohl immer dann um eine „Verlustzuweisungsgesellschaft", wenn die Erzielung von Steuervorteilen im Vordergrund steht. Wann dies der Fall ist und wer davon betroffen ist, bleibt jedoch so lange unklar, bis in einem Schreiben des Bundesfinanzministeriums bzw. einem Erlass diese Punkte näher erläutert werden. Klar ist jedenfalls, dass es künftig kaum mehr möglich sein wird, geschlossene Immobilienfonds mit Wohnimmobilien zu konzipieren. Klar ist auch, dass beispielsweise geschlossene Auslandsimmobilienfonds nicht betroffen sind. Auf die Auswirkungen auf die Fonds werde ich in Kapitel 8 ausführlicher eingehen.

Wie sieht es aber nun mit all den Abschreibungsvergünstigungen des § 7 aus, die ich in diesem Kapitel beschrieben habe, also beispielsweise mit der degressiven AfA, der Denkmalschutz-Abschreibung oder der erhöhten Abschreibung für Sanierungsobjekte? Nicht betroffen von dem § 2b sind mit Sicherheit jene Fälle, in denen ein Steuerbürger auf eigene Faust eine Investition tätigt, also z. B. ein Mehrfamilienhaus baut und dieses dann vermietet oder ein denkmalgeschütztes Haus instand setzt.

In den meisten Fällen haben Anleger jedoch weder das Know-how noch das notwendige Kapital, so etwas allein zu realisieren. Deshalb war es in der Vergangenheit häufig so, dass ein Bauträger ein Objekt neu errichtet oder modernisiert hat, es aufgeteilt und dann als Eigentumswohnungen an Anleger verkauft hat. Dies geschah üblicherweise mit einem Exposé, in dem beispielsweise auch die steuerlichen Komponenten der Investition beschrieben wurden. Oftmals wurden als „Paket" weitere Dienstleistungen, also z. B. eine Finanzierungsvermittlung, eine Mietgarantie oder ein baubegleitendes Qualitätscontrolling, angeboten.

Das Problem wird in Zukunft sein, abzugrenzen, wann so etwas als „ähnliches Modell" im Sinne des § 2b angesehen wird.[18] Dies hat zwar keinerlei Einfluss auf die Art der Abschreibung, doch ist ja bei jeder Abschreibung entscheidend, dass die Verluste, die daraus entstehen, mit positiven Einkünften verrechnet werden dürfen. Und dies darf der Immobilienanleger eben dann nicht, wenn er von dem § 2b betroffen ist.

[18] Rainer Zitelmann, Unklare Rechtslage zum Verlustausgleich – Risiken bei der Immobilienfinanzierung, in: Die Bank. Zeitschrift für Bankpolitik und Bankpraxis, Nr. 8, Juli 1999.

In einem solchen Fall dürfen nicht nur die aus der Abschreibung resultierenden Verluste nicht verrechnet werden, sondern auch nicht jene Verluste, die beispielsweise aus einer hohen Fremdfinanzierung der Immobilie rühren.

Glücklicherweise gibt es eine Übergangsregelung in § 52 Abs. 4 EStG, die für geschlossene Immobilienfonds bedeutsam ist, ich gehe deshalb in Kapitel 8 darauf ein. Schon an dieser Stelle sei gesagt, dass die Regelung des § 2b keine Anwendung auf Verluste aus einer Einkunftsquelle findet, die der Steuerpflichtige vor dem 5.3.1999 erworben oder begründet hat. Wer also beispielsweise vor dem 5.3.1999 eine Eigentumswohnung im Rahmen eines Bauträgermodells erworben hat, welches an sich unter die Regelung des neuen Paragrafen fallen würde, darf trotzdem weiterhin die Verluste, die daraus entstehen, wie bisher verrechnen.

Es ist zu hoffen, dass der Gesetzgeber einsichtig ist und mindestens die unklaren Rechtsbegriffe im „Fallensteller-Paragrafen“ präzisiert, besser noch: die Neuregelung möglichst rasch wieder ganz abschafft. Auch im Bundesfinanzministerium arbeiten kluge Beamte, die von Anfang an verstanden haben, dass die ideologisch begründete Neuregelung im Einkommensteuergesetz wegen der Unbestimmtheit der verwendeten Begriffe verfassungswidrig und im Übrigen praktisch auch kaum zu handhaben ist. Schon vor der Verabschiedung des Gesetzes wurden diese Bedenken in internen Papieren des BMF, die dem Verfasser vorliegen, klar artikuliert.

Es wäre jedoch nicht damit getan, dass etwa der § 2b EStG abgeschafft bzw. entschärft, aber die Mindeststeuer (§ 2 Abs. 3 EStG) bestehen bleiben würde. Denn die Mindeststeuer selbst bedeutet schon den steuersystematischen Bruch, und solange diese Regelung bestehen bleibt, besteht stets die Gefahr, dass das Prinzip des Verlustausgleichs weiterhin ausgehöhlt und „gekappt“ wird.

Erhaltungsaufwand und Fremdfinanzierungskosten

Trotz dieser neuen Regelung können mit Immobilien nach wie vor Steuervorteile genutzt werden. Voraussetzung ist natürlich immer, dass man nicht unter den § 2b fällt. Außer den oben beschriebenen Abschreibungsregelungen sind es besonders zwei Komponenten, die bei vermieteten Immobilien zu positiven steuerlichen Effekten führen.

Da ist zunächst der „sofort abzugsfähige Erhaltungsaufwand", also Kosten, die für laufende Instandhaltungsarbeiten anfallen. Wer zum Beispiel das Dach, die Türen oder die Fenster ausbessern lässt, produziert damit sofort abzugsfähigen Erhaltungsaufwand und kann diese Ausgaben in seiner Steuererklärung als Werbungskosten geltend machen. Dies gilt nicht nur für Reparaturen, sondern auch für Modernisierungsarbeiten, also wenn zum Beispiel alte Fenster gegen neue, bessere ausgetauscht werden oder eine Zentralheizung anstelle einer Ofenheizung eingebaut wird.

Ein Problem taucht jedoch immer dann auf, wenn solche Arbeiten in einem sachlichen und vor allem auch zeitlichen Zusammenhang mit der Anschaffung stehen. Schwierigkeiten macht das Finanzamt auf jeden Fall dann, wenn die Arbeiten in den ersten drei Jahren nach Erwerb einer Immobilie durchgeführt werden und die Kosten höher sind als 15 % der Anschaffungskosten der Immobilie.

Die drei Jahre und die 15 % sind dabei keine in irgendeinem Gesetz festgeschriebene Regel, auf die sich der Steuerbürger etwa in einem Streit mit dem Finanzamt berufen könnte, sondern es handelt sich lediglich um Richtwerte aus der regelmäßigen Rechtsprechung der Finanzgerichte bzw. Verwaltungsanweisungen zu diesem Themenkomplex. Aber wer beispielsweise zwei Jahre nach dem Erwerb einer Immobilie Reparaturen vornimmt, die ein Fünftel des Kaufpreises ausmachen, muss ganz sicher damit rechnen, dass das Finanzamt von „anschaffungsnahem Aufwand" spricht, was zur Folge hat, dass diese Kosten nicht sofort im Jahr der Entstehung als Werbungskosten geltend gemacht werden, sondern nur über einen längeren Zeitraum abgeschrieben werden dürfen.

Wer jedoch beispielsweise ein vermietetes Haus schon fünf oder sechs Jahre lang besitzt, für den kann sich eine gründliche Modernisierung und Instandsetzung auch steuerlich sehr rentieren, weil dies zu Verlusten führt, die mit positiven Einkünften verrechnet werden dürfen. Allerdings gelten auch hier, wie bei allen Verlusten, künftig die Beschränkungen der Mindestbesteuerung, wie ich sie oben beschrieben habe.

Ebenfalls hohe Verluste entstehen aus der Fremdfinanzierung der Immobilie, da die Schuldzinsen, wie bereits in Kapitel 4 beschrieben, als Werbungskosten geltend gemacht werden dürfen. In diesem Zusammenhang kann es steuerlich vorteilhaft sein, mit dem Kreditgeber ein Damnum zu vereinbaren. Es handelt sich hier um den Unterschied zwischen dem Darlehensnennbetrag und dem – niedrigeren – Auszahlungsbetrag. Bei dem Damnum handelt es sich also praktisch um Zinsen, die der Kreditnehmer schon vorab bezahlt und die deshalb auch steuerlich geltend gemacht werden dürfen. Dabei ist ein Damnum von bis zu 10 % für ein Darlehen mit einer Zinsbindung von mindestens fünf Jahren steuerlich abzugsfähig.

Ein anderer Steuervorteil für Immobilienbesitzer, der jedoch ebenfalls erheblich verschlechtert wurde, ist die Möglichkeit, die Immobilie nach einem bestimmten Zeitraum (von früher zwei und jetzt leider nur noch zehn Jahren) steuerfrei zu veräußern. Hierauf werde ich jedoch im übernächsten Kapitel ausführlicher eingehen.

Wichtig erscheint aber vor allem, wie der Immobilienbesitzer mit den gesparten Steuern umgehen soll, denn nach meiner Erfahrung rühren viele Probleme von Immobilienbesitzern daher, dass sie sich hier falsch verhalten bzw. niemals Gedanken über diesen ganz entscheidenden Punkt gemacht haben. Deshalb widme ich diesem wichtigen Aspekt das nächste Kapitel.

Prüfen Sie selbst:

1. Ist mein Steuerberater der richtige Ratgeber für meine Immobilieninvestitionen, oder sollte ich mich vielleicht an einen Steuerberater wenden, der auf das Gebiet der Immobilienbesteuerung spezialisiert ist?
2. Wurde die steuerliche Berechnung von dem Anlageberater nur für jene Jahre durchgeführt, in denen es hohe Abschreibungsvergünstigungen gibt, oder auch für die Folgejahre?
3. Sind die Prämissen der steuerlichen Prognoserechnung realistisch, oder wurden unrealistisch hohe Miet-, Wert- und Einkommenssteigerungen eingerechnet, um zu einem vorteilhaften Ergebnis zu gelangen?
4. Habe ich mit dem Verkäufer und dem Steuerberater über die Frage gesprochen, ob mein Investitionsvorhaben möglicherweise von dem § 2b EStG (Vorsicht: „Fallensteller-Paragraf") betroffen ist, oder handelt es sich um eine 2b-geschützte Investition (z. B. um ein so genanntes Konservierungsmodell)?
5. Könnte es sich für mich lohnen, die Steuervorteile für Objekte in Sanierungsgebieten oder für denkmalgeschützte Objekte in Anspruch zu nehmen (vielleicht auch als Selbstnutzer)?
6. Habe ich für meine Investition einmal ein „worst case"-Szenario durchgerechnet, was in dem Fall passiert, wenn das Finanzamt mein Steuersparmodell nicht bzw. nicht in vollem Umfang anerkennen sollte? Könnte ich zur Not meine Investition auch in einem solchen Fall weiter finanzieren?
7. Habe ich meine Investition unter allen Gesichtspunkten geprüft oder meine Entscheidung alleine durch die „Steuern steuern lassen"? Steuern sind wichtig – aber der Wunsch, Steuern zu sparen, darf nie so weit die Oberhand gewinnen, dass die Immobilie aus dem Blick gerät! „Steuernsparen" ist ein legitimes Motiv, aber alleine kein Argument – denn Steuern sparen kann man mit schlechten Immobilien ebenso wie mit guten.

6 Die gesparten Steuern sparen

Warum fallen immer wieder viele Anleger mit „Steuersparmodellen" herein und machen schlechte Erfahrungen? Ein Hauptgrund ist, dass sie die Steuererstattungen konsumiert haben, statt diese konsequent anzusparen. Steuervorteile werden von diesen Menschen als „Steuergeschenke" missverstanden, obwohl es in Wahrheit notwendige Ergänzungen sind, welche die mangelnde Wirtschaftlichkeit einer Kapitalanlage vor Steuern ausgleichen sollen.

Steuerersparnisse nicht konsumieren

Die Versuchung, die gesparten Steuern zu konsumieren, ist groß. Viele Menschen kaufen ein „Steuersparmodell" schon aus dem Grund, weil sie damit ihr für den Konsum zur freien Verfügung stehendes Nettoeinkommen erhöhen wollen. Dies ist ja auch durchaus möglich, denn jeder Arbeitnehmer kann sich einen Freibetrag auf der Lohnsteuerkarte eintragen lassen, wenn er dem Finanzamt gegenüber die voraussichtlichen Verluste aus Vermietung und Verpachtung plausibel macht. Zu diesem Zweck müssen Sie nur einen Antrag auf Lohnsteuerermäßigung stellen, der sogar meist außerordentlich rasch bearbeitet wird. Als Arbeitnehmer erhöht sich Ihr Nettoeinkommen, als Selbstständiger können Sie die Steuervorauszahlungen an das Finanzamt reduzieren.

Nunmehr gibt es mehrere Möglichkeiten, wie sich bei Ihnen die Zahlungsströme darstellen. Die erste Möglichkeit: Die Steuerersparnis plus die Mieteinkünfte reichen gerade aus, um den monatlichen Kapitaldienst (Zinsen und Tilgung) sowie das Wohngeld und die Verwalterkosten zu zahlen. In diesem Fall spricht manches dafür, dass Sie die Immobilie entweder zu teuer gekauft haben oder aufgrund Ihrer steuerlichen Situation die Steuerersparnis zu gering ist. Denn wenn Sie eine Immobilie mit Abschreibungsvergünstigungen (degressive AfA, Sonder-AfA, Denkmal-AfA, Sanierungs-AfA usw.) kaufen, dann sollte von Anfang an die Steuerersparnis plus die Mieteinnahme höher sein als die Ausgaben, die Sie auf der anderen Seite haben.

Der Grund ist einfach: Die Steuervorteile werden immer geringer. Bei der degressiven AfA halbiert sich die Abschreibung nach acht Jahren, bei der Denkmal-AfA, der Sanierungs-AfA oder auch der kombinierten Sonder- und Restwert-AfA bei Altbaumodernisierungen nach dem Fördergebietsgesetz gibt es nur die ersten zehn Jahre Abschreibungsvorteile, die dann abrupt enden. Hinzu kommt: Auch aus einem zweiten Grund verringern sich bei vielen Finanzierungsmodellen die Steuervorteile Jahr für Jahr. Wer mit einem klassischen Annuitätendarlehen finanziert, hat in den ersten Jahren auch deshalb sehr hohe Steuervorteile, weil der größte Teil der monatlichen Raten aus Zinszahlungen besteht, die er steuerlich als Werbungskosten geltend machen kann. Die monatliche Belastung über die Jahre bleibt gleich, aber weil der Tilgungsanteil stetig gegenüber dem Zinsanteil zunimmt, verringert sich die Steuerersparnis mit jedem Jahr.

Wenn Sie die hohen Steuererstattungen der ersten Jahre vollständig aufbrauchen, um damit die monatlichen Raten an die Bank, die Verwalterkosten und das Wohngeld zu bezahlen, dann deutet dies darauf hin, dass die Unterdeckung viel zu hoch ist.

Von einer „Unterdeckung“ spricht man immer dann, wenn eine Immobilie sich nicht selbst trägt, also wenn die Mieteinkünfte nicht ausreichen, um Ihre Ausgaben für die Immobilie zu decken. Eine solche Unterdeckung ist in den ersten Jahren nichts Ungewöhnliches und ist für sich genommen kein Grund, eine Investition nicht vorzunehmen. Aber diese Unterdeckung sollte niemals so groß sein, dass sie die gesamte Steuerersparnis auffrisst. Denn was machen Sie, wenn die Steuervorteile nach einigen Jahren dramatisch zurückgehen? Falls Sie, wie bei einem Annuitätendarlehen oft üblich, nur mit 1 % getilgt haben, ist die Immobilie auch nach zehn Jahren wahrscheinlich nicht so weit entschuldet, dass sie sich trägt.

Manchmal werden von Verkäufern in Prognoserechnungen unrealistische Miet- und Wertsteigerungen unterstellt, die den Eindruck erwecken, dass bereits nach einem Jahrzehnt eine grundlegend andere wirtschaftliche Situation gegeben sei. In vielen Fällen sind solche Annahmen jedoch spekulativ, und Sie können darauf nicht Ihre Planungen aufbauen. Problematisch an vielen Prognoserechnungen ist auch, dass sie just in jenem Jahr enden, in dem die Steuervorteile auslaufen, sodass dem Anleger das Problem einer Unterdeckung nicht bewusst wird.

Warum ein „Steuer-Plus" wichtig ist

Sie sollten gerade in den ersten Jahren immer ein „Steuer-Plus" übrig haben. Damit meine ich: Die Mieteinnahmen plus Steuerersparnis sollten in den ersten Jahren deutlich höher sein als Ihre Ausgaben. Den Differenzbetrag, den ich „Steuer-Plus" nenne, dürfen Sie nicht konsumieren, sondern Sie sollten diesen konsequent ansparen.

Zunächst ist es dabei wichtig, dass Sie sich darüber klar werden, wie groß die Steuererstattungen eigentlich sind. Als Arbeitnehmer sollten Sie sich von der Steuerabteilung Ihres Unternehmens oder von Ihrem Steuerberater jedes Jahr ausrechnen lassen, wie hoch Ihr Nettoeinkommen ohne Berücksichtigung des Freibetrages, also der Verluste aus Vermietung und Verpachtung, wäre. Der Differenzbetrag zwischen dem, was Sie netto Monat für Monat (unter Berücksichtigung des Freibetrages) überwiesen bekommen, und jener Summe, die Sie ohne diese Verluste hätten, ergibt Ihre monatliche Steuerersparnis.

Ähnlich muss ein Selbstständiger verfahren. Er muss sich ausrechnen lassen, wie viele Steuern er normalerweise bezahlen müsste, wenn er keine Verluste aus Vermietung und Verpachtung hätte. Die Differenz zwischen diesem Betrag und den tatsächlich gezahlten Steuern ergibt die Steuerersparnis, die er aufgrund seiner Immobilieninvestition hat.

Wenn Sie das Ziel haben, Vermögen aufzubauen, dann kommen Sie nur weiter, wenn Sie regelmäßig einen erheblichen Teil Ihres Einkommens sparen. Noch niemand ist durch einen großen Verdienst reich geworden, sondern Reichtum basiert auf der Fähigkeit, weniger zu konsumieren, als man einnimmt. Ideal wäre es deshalb, wenn Sie in der Lage wären, die Unterdeckung sozusagen „aus eigener Tasche" zu tragen und die Steuerersparnis zu 100 % zu sparen. Falls Sie unbedingt einen Teil der Steuerersparnis brauchen, um Ihre Raten und sonstigen Kosten zu begleichen, dann sollten Sie jedoch mindestens das „Steuer-Plus", also den übersteigenden Betrag, ansparen.

Wenn Sie dies tun, dann sieht Ihre Situation nach zehn Jahren grundlegend anders aus als in dem oben gezeichneten Negativ-Szenario. Wer die Steuerersparnis anspart und dabei eine gute Verzinsung erzielt, hat nach zehn Jahren so viel Rücklagen gebildet, dass er für alle Situationen gewappnet ist. Wenn zum Beispiel die Zinsbindung nach zehn Jahren ausläuft und das Zinsniveau wesentlich höher ist, hat er die Möglichkeit, einen erheblichen Teil seines Darlehens zurückzuzahlen, also seine Immobilie teilweise zu entschulden. Möglicherweise erscheint es Ihnen aber zu diesem Zeitpunkt sinnvoll, den angesparten Betrag weiter aufzustocken und nicht für eine teilweise Entschuldung zu verwenden, auch dies ist selbstverständlich möglich. Nur: Konsumieren dürfen Sie dieses aus der Steuerersparnis gewonnene Kapital nicht.

Das Problem ist allerdings, dass viele Menschen, gerade auch solche, die viel verdienen, nicht die Disziplin haben, eisern einen bestimmten Betrag zu sparen. Sie können es sich psychologisch einfacher machen, wenn Sie von vornherein Ihre Zahlungsströme so modulieren, dass diese den Steuererstattungen angepasst sind. So können Sie beispielsweise für die ersten Jahre so genannte Sondertilgungen mit der Bank vereinbaren, Sie könnten ein Ratentilgungsdarlehen aufnehmen, bei dem die Belastung in den ersten Jahren automatisch höher ist, Sie können aber auch bei einem Annuitätendarlehen eine höhere Tilgung – zumindest für den Zeitraum, wo Sie von Abschreibungsvergünstigungen profitieren – vereinbaren. Die Erfahrung zeigt, dass es vielen Menschen leichter fällt, wenn das Sparen ein „Muss" ist, also die Bank Monat für Monat einen bestimmten Betrag abbucht.

Das „Steuer-Plus-Konto"

Wer genügend Selbstdisziplin hat, der sollte einen anderen Weg gehen: Richten Sie ein separates „Steuer-Plus-Konto" ein, auf das Sie Monat für Monat Ihr „Steuer-Plus" überweisen. Diese Überweisungen sollten Sie unbedingt am Anfang des Monats vornehmen, auf keinen Fall erst am Ende. Und vor allem sollte es sich hier um ein separates, von Ihren sonstigen Sparkonten getrenntes Konto handeln. Jeder braucht auch ein Sparkonto, um davon Geld für unvorhergesehene größere Ausgaben abzuheben. Aber es ist entscheidend wichtig, dass Sie dieses Sparkonto getrennt von Ihrem „Steuer-Plus-Konto" halten, weil sonst auf diesem Wege letztlich doch der Steuervorteil wieder irgendwann konsumiert wird.

Rein finanzmathematisch betrachtet, ist es (siehe Kapitel 4) der beste Weg, nicht die direkte Tilgung zu wählen, sondern mit dem Kreditgeber eine Tilgungsaussetzung zu vereinbaren und die gesparten Steuern auf dem beschriebenen Weg anzusparen. Dieses „Ansparen" kann – wie beschrieben – auf verschiedenen Wegen erfolgen, also in Aktienfonds, in Versicherungen oder auf einem anderen Weg.

Die Art, wie Sie Ihr Geld sparen, muss zu Ihrem eigenen Risikoprofil passen. Der sehr sicherheitsbewusste Anleger wird vielleicht sogar einen Teil des Geldes in einem Bausparvertrag ansparen, der ungefähr in zehn Jahren zuteilungsreif sein wird, um sich so eine günstige Anschlussfinanzierung für den Fall zu sichern, dass dann das Zinsniveau höher sein wird. Allerdings: Da Ihnen keine Bausparkasse exakt sagen kann, wann Ihr Bausparvertrag zuteilungsreif sein wird, schließen Sie diesen sicherheitshalber besser so ab, dass er voraussichtlich ein Jahr früher zuteilungsreif ist, als die vereinbarte Zinsbindung ausläuft.

Wer risikofreudiger ist, kann sein Geld, oder einen Teil davon, sogar in Aktien oder Aktienfonds mit hoher Risikoklasse einzahlen, weil über einen Anlagezeitraum von zehn Jahren die Vermutung berechtigt (aber keineswegs ganz sicher!) ist, dass er eine ausgezeichnete Performance erzielen wird.

Vielleicht hört sich das alles für Sie nicht besonders aufregend an, weil Sie ganz andere Pläne hatten. Vielleicht hat man Ihnen die Immobilie mit dem Argument verkauft, dass Sie dann mehr Geld für schöne Urlaubsreisen oder ein neues Auto zur Verfügung haben. Immobilienverkäufer, die so sprechen, müssen gar keine bösen Absichten haben, obwohl sie Ihnen die Wahrheit verschweigen, dass nämlich Steuern nur derjenige sparen kann, der die gesparten Steuern wirklich spart. Die Erfahrung zeigt jedoch leider, dass viele so genannte „Anlagevermittler", die anderen Menschen erzählen, wie sie mit ihrem Geld umgehen sollen, selbst ständig ihren Dispositionskredit bei der Bank ausgereizt haben, das Auto ist auf Raten gekauft, und Vermögen wird nicht aufgebaut.

Wenn Sie selbst jedoch Vermögen aufbauen wollen, dann dürfen Sie nicht so handeln. Denn die Bildung von erheblichen Sparrücklagen ist auch aus einem anderen Grund für jeden Immobilienbesitzer zwingend, und zwar seit dem 1. Januar 1999 mehr als jemals zuvor. Warum? Weil gerade nach der mit Wirkung zum 1. Januar 1999 beschlossenen Ausweitung der „Spekulationsfrist“ (dazu mehr auf den Seiten 90–93) Ihre oberste Priorität sein muss, auf gar keinen Fall in eine Zwangslange zu geraten, in der Sie Ihre Immobilie verkaufen müssen. In eine solche Zwangslage können Sie jedoch sehr schnell geraten, wenn Sie keine Rücklagen bilden. Falls Sie nicht Beamter auf Lebenszeit sind, ist in der heutigen Situation eine Arbeitslosigkeit bei den meisten Menschen leider nicht vollkommen auszuschließen. Auch Mietausfälle oder unvorhergesehene größere Reparaturen an Ihrer Immobilie müssen Sie einkalkulieren. Wer seine Steuerersparnis konsequent angespart hat, den können solche Szenarien nicht schrecken.

Prüfen Sie selbst:

1. Reichen die Steuerersparnisse zusammen mit den Mieteinkünfte in den ersten Jahren gerade einmal aus, um meine Kosten (Kapitaldienst, Wohngeld usw.) zu decken? (Dann sollte ich die Investition überdenken.)
2. Wie viele Steuern müsste ich normalerweise zahlen, wenn ich die Investition nicht getätigt hätte? Habe ich mein „Steuer-Plus“ bisher für den Konsum verwendet?
3. Wann eröffne ich mein „Steuer-Plus-Konto“? (Am besten: heute.)
4. Habe ich mir ausgerechnet, wie sich die Situation in zehn Jahren darstellt, wenn die hohen Abschreibungen der ersten Jahre nicht mehr da sind und vielleicht auch die Zinsen gestiegen sind? Gibt es dann eine Unterdeckung, und wie hoch ist diese?

7 Steuerfallen beim Verkauf einer Immobilie

Wie wichtig Grundkenntnisse im Steuerrecht für Immobilienbesitzer sind, wird am deutlichsten, wenn Sie eine Immobilie verkaufen. Leider versäumen es viele Immobilienbesitzer, die steuerlichen Folgen prüfen zu lassen, bevor sie eine Immobilie veräußern. Wenn das Kind jedoch einmal in den Brunnen gefallen, also die Immobilie bereits verkauft ist, ist es zu spät, irgendetwas zu „reparieren".

Die steuerlichen Folgen einer Immobilienveräußerung können fatal sein und den Anleger sogar existenziell bedrohen. Deshalb lautet mein erster und wichtigster Rat, niemals eine Immobilie zu verkaufen, ohne vorher einen Steuerberater zu konsultieren, der sich in dieser Materie auskennt. Sie müssen vor allem drei Themenbereiche prüfen lassen, nämlich die so genannte „Spekulationsfrist", den „gewerblichen Grundstückshandel" und möglicherweise auch die „Liebhaberei", die indes auch unabhängig vom Verkauf einer Immobilie zum Problem werden kann.

1. Die Spekulationsfrist

Die Regelungen zur so genannten „Spekulationsfrist" (die seit dem März 1999 offiziell nicht mehr so heißt, sondern als „Frist für private Veräußerungsgewinne" bezeichnet wird) haben den großen Vorzug, dass sie klar und eindeutig im Gesetz (§ 23 Abs.1 Nr.1 EStG) festgeschrieben sind, während es zu den beiden Komplexen „gewerblicher Grundstückshandel" und „Liebhaberei" keine gesetzliche Regelung, sondern nur eine sehr umfangreiche Rechtsprechung gibt.

Bei der „Spekulationsfrist" geht es darum, ab wann Sie eine Immobilie steuerfrei veräußern können, ohne dass Sie einen Veräußerungsgewinn versteuern müssen. Bis zum 31.12.1998 genügte es, eine Immobilie mindestens zwei Jahre lang zu besitzen, dann konnten Sie diese steuerfrei verkaufen. Während die Spekulationsfrist für Aktien und andere Wertpapiere zum 1.1.1999 von einem halben auf ein Jahr verdoppelt wurde, hat der Gesetzgeber die Spekulationsfrist für Immobilien gleich verfünffacht. Sie müssen eine Immobilie also mindestens zehn Jahre und einen Tag besitzen, bevor Sie sie steuerfrei veräußern dürfen. Maßgebend ist der Tag, auf den der notarielle Kaufvertrag datiert ist, also nicht etwa der Nutzen-Lasten-Wechsel oder die Eintragung in das Grundbuch.

Ausgenommen von dieser Regelung sind, anders als früher, selbst genutzte Immobilien. Immerhin hat der Gesetzgeber so weit mitgedacht, dass nicht derjenige bestraft wird, der beispielsweise seinen Arbeitsplatz wechselt und deshalb seine Wohnung verkaufen muss. Um „eigen genutzte" Wohnungen oder Häuser im Sinne des Gesetzes handelt es sich dann, wenn Sie seit dem Kauf der Wohnung selbst darin gewohnt haben. Darüber hinaus sind auch solche Wohnungen nicht betroffen, die Sie zwar zunächst vermietet hatten, jedoch dann im Jahr des Verkaufs und in den beiden vorangegangenen Jahren selbst bewohnt haben.

Ansonsten gilt die Zehn-Jahres-Regel für alle Grundstücke, also für unbebaute ebenso wie für bebaute Grundstücke. Neu ist auch folgende Regelung: Bis zum 31.12.1998 war es so, dass, wenn Sie ein Grundstück gekauft und ein Gebäude darauf errichtet hatten, Sie nur denjenigen Veräußerungsgewinn versteuern mussten, der auf den Grund und Boden entfiel. Nunmehr unterliegen auch Gewinne der Besteuerung, die durch den Verkauf von selbst fertig gestellten Gebäuden entstehen, wenn der Grund und Boden, auf dem das Gebäude errichtet ist, innerhalb der Zehnjahresfrist angeschafft wurde.

Das klingt vielleicht etwas komplizierter, als es tatsächlich ist.

Beispiel:
Wenn Sie am 15.4.1990 ein unbebautes Grundstück für 200 000 DM gekauft und dieses dann im Jahr 1999 mit einem Mehrfamilienhaus bebaut haben (Herstellungskosten eine Million DM), dieses dann am 1.1.2000 für 1,6 Millionen DM verkaufen, dann müssen Sie 400 000 DM versteuern. Die Höhe der Steuerlast richtet sich nach Ihrem persönlichen Steuersatz. Wer also einen Steuersatz von 50 % hat, der muss, in unserem Beispiel, 200 000 DM an das Finanzamt zahlen.

So berechnet das Finanzamt den Veräußerungsgewinn

Wichtig ist vor allem, dass Sie verstehen, wie das Finanzamt die Höhe des Spekulationsgewinns berechnet. Denn es kann sogar der sehr ärgerliche Fall eintreten, dass Sie eine Immobilie mit Verlust verkaufen und deshalb gar nicht auf die Idee kommen, dass ein Spekulationstatbestand erfüllt sein könnte, und das Finanzamt Sie trotzdem zur Kasse bittet.

Dies wird besonders dann geschehen, wenn Sie große Steuervorteile für Ihre Immobilie in Anspruch genommen haben, also beispielsweise Sonderabschreibungen nach dem Fördergebietsgesetz oder erhöhte Abschreibungen für ein Baudenkmal.

Vorsicht ist geboten, wenn Sie eine Immobilie nach dem 31.7.1995 angeschafft haben, denn ab diesem Stichtag wird anders gerechnet. Für Grundstücke, die ab dem 1.8.1995 angeschafft wurden, berechnet das Finanzamt den Veräußerungsgewinn als Differenz zwischen dem Verkaufspreis und dem Buchwert.

Beispiel:

Sie haben im Jahr 1996 in Berlin eine neu gebaute Eigentumswohnung zum Preis von 400 000 DM gekauft. Davon entfallen 50 000 DM auf den Grundstücksanteil, 350 000 DM auf das Gebäude. In den Jahren 1996 und 1997 nehmen Sie insgesamt 50 % Sonderabschreibung in Anspruch, also 175 000 DM. Außerdem haben Sie in den Jahren 1996 bis 1999 jährlich 2 % lineare AfA geltend gemacht, insgesamt waren das noch einmal 28 000 DM. Die gesamten Abschreibungen summierten sich somit auf 203 000 DM. Im Jahr 2000 müssen Sie die Wohnung verkaufen, aber bekommen leider nicht mehr den Preis, zu dem Sie sie 1996 gekauft hatten. Sie müssen sich mit 360 000 DM zufrieden geben. Sie haben also immerhin 40 000 DM Verlust gemacht und kommen gar nicht auf den Gedanken, dass nun eine Spekulationssteuer fällig werden könnte.

Das Finanzamt rechnet aber anders. Es ermittelt nunmehr die Differenz zwischen dem Verkaufspreis und dem Buchwert der Immobilie. Der Buchwert sind die Anschaffungskosten abzüglich der vorgenommenen Abschreibungen. Die Anschaffungskosten betrugen 400 000 DM, minus 203 000 DM Abschreibungen ergibt einen Buchwert von 197 000 DM.

360 000 DM Verkaufserlös minus 197 000 DM Buchwert ergibt einen Veräußerungsgewinn in Höhe von 163 000 DM. Bei einem Steuersatz von 50 % müssen Sie also 81 500 DM Steuern bezahlen, sodass Sie insgesamt durch den Verkauf einen Verlust von 121 500 DM gemacht haben.

Angesichts dieser dramatischen Folgen wird natürlich niemand freiwillig ein so unvorteilhaftes „Geschäft" machen. Oft werde ich gefragt, ob denn das Motiv des Verkaufs eine Rolle spielt, also beispielsweise auch solche Fälle erfasst werden, wenn eine Immobilie zwangsversteigert wird. Die Antwort lautet leider: Der Grund, warum Sie eine Immobilie verkaufen, interessiert das Finanzamt nicht. In der Praxis werden durch die verlängerte Spekulationsfrist vor allem kleine Immobilienbesitzer getroffen, die sich ohnehin schon in schwierigen wirtschaftlichen Verhältnissen befinden. Denn wem es finanziell gut geht, der wird sicherlich nicht freiwillig eine Immobilie innerhalb der Zehnjahresfrist verkaufen. Es sei denn, er ist gewerblicher Grundstückshändler und verdient seinen Lebensunterhalt mit dem Kauf und Verkauf von Immobilien. Für diese Gruppe ist die Spekulationsfrist jedoch irrelevant, weil man als gewerblicher Grundstückshändler ohnehin Veräußerungsgewinne versteuern muss und sich die Immobilien im Umlaufvermögen befinden, sodass keine Abschreibungen vorgenommen werden können (dazu mehr im nächsten Abschnitt).

Der private Immobilienbesitzer, der über genügend finanzielle Reserven verfügt, wird in der Regel die Zehnjahresfrist abwarten, bevor er verkauft. Opfer der verlängerten Spekulationsfrist sind aber beispielsweise Menschen, die arbeitslos werden und deshalb nicht mehr in der Lage sind, die monatlichen Raten an die Bank zu zahlen, oder auch Immobilienbesitzer, die sich scheiden lassen und deshalb in finanzielle Bedrängnis kommen.

Bei der Spekulationssteuer handelt es sich also um eine ausgesprochen unsoziale Steuer, die vor allem Menschen trifft, die wegen finanzieller Probleme gezwungen sind, eine Wohnung oder ein Haus zu verkaufen. Die Konsequenz für Sie heißt, dass Sie, wie im letzten Kapitel unterstrichen, unbedingt ausreichende finanzielle Reserven ansparen müssen, damit Sie nicht in eine solche Situation geraten. Sicher wird man sich wohl dann fühlen, wenn man so viel auf die hohe Kante gelegt hat, dass man zur Not auch bei einem Mietausfall und bei Arbeitslosigkeit ein Jahr lang Zinsen und Tilgung bezahlen könnte. Wer zu knapp kalkuliert und eine solche Reserve, die man ja aus der Steuerersparnis anlegen kann, für überflüssig hält, könnte dies bitter bereuen.

2. Gewerblicher Grundstückshandel

Eine weitere Steuerfalle ist der „gewerbliche Grundstückshandel". Hiervon sind Immobilienbesitzer betroffen, die häufiger Immobilien verkaufen. Die Rechtsprechung dazu ist außerordentlich komplex, jüngst erst hat ein Finanzrichter den Versuch unternommen, auf 360 Seiten die Abgrenzung zwischen gewerblichen und privaten Grundstücksgeschäften darzustellen. Das Buch kann ich dringend jedem empfehlen, der möglicherweise gefährdet sein könnte, als „gewerblicher Grundstückshändler" klassifiziert zu werden.[19]

An dieser Stelle kann nur eine Einführung in die Thematik gegeben werden. Eine „gewerbliche Grundstücksveräußerung" wird vom Finanzamt stets dann angenommen, wenn Sie schon beim Erwerb einer Immobilie die Absicht hatten, sie bald danach wieder zu verkaufen. Da dies schwer nachzuweisen ist, wurde in der Rechtsprechung die so genannte Drei-Objekt-Theorie entwickelt.

Die Drei-Objekt-Theorie und ihre Tücken

Nach dieser Theorie ist es in der Regel unschädlich, wenn innerhalb eines Zeitraums von fünf Jahren nicht mehr als drei „Objekte" verkauft werden. Danach könnten Sie also in dieser Zeitspanne von fünf Jahren drei Wohnungen oder auch drei Einfamilienhäuser verkaufen, ohne dass negative steuerliche Folgen eintreten. Die „Zeitachse" spielt jedoch in doppelter Hinsicht eine Rolle. Zunächst prüft das Finanzamt, wie lange Sie die Immobilie bereits besitzen, die Sie verkaufen. Wer eine Immobilie seit mindestens fünf Jahren besitzt und diese dann verkauft, der kann Glück haben, weil er die Immobilie bereits lange genug besitzt. Darauf verlassen sollte man sich jedoch nicht, denn der Zeitraum von fünf Jahren ist nur ein Anhaltspunkt.

Das Finanzamt differenziert beispielsweise nach Berufsgruppen. Bei Personen, die der Immobilienbranche irgendwie nahe stehen (so zum Beispiel Architekten oder Makler), wird ein strengerer Maßstab angelegt als

[19] Axel Schmidt-Liebig, Abgrenzung zwischen gewerblichen und privaten Grundstücksgeschäften. Methodische Grundlagen, Gestaltungsmöglichkeiten, steuerliche Folgen, Rechtsprechungsübersicht, Bielefeld 1999.

bei branchenfremden Personen (also z. B. bei einem Zahnarzt). Für „branchennahe" Personen beträgt die Frist eher zehn als fünf Jahre.

Die auf zehn Jahre verlängerte Frist für private Veräußerungsgeschäfte hat die Sache etwas einfacher als früher gemacht, als die Spekulationsfrist nur zwei Jahre betrug. Wer eine Immobilie seit zehn Jahren besitzt, und dies sollte man wegen der Spekulationsfrist ohnehin, kann ziemlich sicher sein, dass ein Verkauf unschädlich ist. Nachdem das Finanzamt geprüft hat, wie lange jemand schon eine Immobilie besitzt, wird im nächsten Schritt geprüft, wie viele Objekte er innerhalb eines bestimmten Zeitraums veräußert hat. Verkauft er mehr als drei Wohnobjekte innerhalb eines Zeitraums von fünf Jahren, dann kann er als „gewerblicher Grundstückshändler" klassifiziert werden.

Und das geht schneller, als man denkt.

Beispiel:
Herr Schmidt hat Ende 1998 zwei Eigentumswohnungen verkauft. Er wollte sie noch schnell veräußern, bevor die neue, zehnjährige Spekulationsfrist begann. Er freute sich, dass er den Veräußerungsgewinn aus seinen beiden Wohnungen noch steuerfrei vereinnahmen konnte.
Im März 2000 kommt er jedoch in finanzielle Schwierigkeiten und sieht sich gezwungen, eine dritte Eigentumswohnung zu verkaufen. Er hat sie vor vier Jahren gekauft, ist also von der verlängerten Spekulationsfrist betroffen. Das weiß er, muss dies aber in Kauf nehmen. Doch womit er nicht gerechnet hat: Als er (leider erst nach dem Verkauf) zu seinem Steuerberater geht, teilt dieser ihm mit, nunmehr bestehe die Gefahr, dass das Finanzamt ihn als „gewerblichen Grundstückshändler" qualifizieren könnte, weil er in einem kurzen Zeitraum vier „Objekte" verkauft habe, von denen er keines länger als fünf Jahre besessen habe.

Warum vier Objekte? Weil Herr Schmidt die dritte Eigentumswohnung zusammen mit einem Tiefgaragenplatz verkauft hat. Nach der Drei-Objekt-Theorie handelt es sich bei der Wohnung mit Tiefgarage nicht um ein Objekt, sondern um zwei Objekte, weil zwei Sondereigentumsrechte im Grundbuch eingetragen waren.

Es gibt auch Fälle, in denen jemand vom Finanzamt als „gewerblicher Grundstückshändler" qualifiziert wird, obwohl er nur drei oder sogar noch weniger Objekte verkauft hat. Denn nach Auffassung der Finanzverwaltung ist Objekt nicht gleich Objekt. Objekte im Sinne der Drei-

Objekt-Theorie sind Ein- und Zweifamilienhäuser, Eigentumswohnungen und Bauparzellen. Für Mehrfamilienhäuser, Bürogebäude oder einen Supermarkt ist die Drei-Objekt-Grenze hingegen nicht anzuwenden.

Es gibt sogar Fälle, wo schon der Verkauf eines einzigen Objektes ausreicht, um in die Steuerfalle zu tappen. Im Jahre 1996 hat der Bundesfinanzhof das so genannte „Supermarkt-Urteil" gefällt, dessen Bedeutung vielfach verkannt worden ist. In diesem Fall hatte jemand einen Supermarkt gebaut, diesen verpachtet und dann nach vier Jahren an den Pächter verkauft. Auch hier lag nach Auffassung des BFH ein gewerbliches Grundstücksgeschäft vor, obwohl nur ein Objekt verkauft worden war.

Zur Zeit gibt es beim Großen Senat des Bundesfinanzhofes einen Vorlagebeschluss, in welchem die Meinung vertreten wird, dass auch schon beim Verkauf von zwei Objekten gewerbliche Grundstücksgeschäfte vorliegen können. Konkret geht es um die so genannte „produktive Wertschöpfung", wenn also jemand ein Grundstück kauft, darauf Häuser errichtet und diese dann bald wieder verkauft. Zu klären ist, ob dann bereits ein gewerblicher Grundstückshandel gegeben ist, auch wenn die Drei-Objekt-Grenze nicht überschritten ist.

Man sieht an diesen Beispielen, dass es sich um eine hochkomplizierte Materie handelt. Wenn Sie eine Immobilie verkaufen wollen, die Sie nicht seit mindestens zehn Jahren besitzen, sollten Sie stets vorsichtig sein und lieber vorher ein Gutachten Ihres Steuerberaters erstellen lassen, das die möglichen steuerlichen Folgen prüft. Denn die Folgen, wenn Sie einmal als gewerblicher Grundstückshändler qualifiziert werden, sind noch schlimmer als im Falle der Spekulationsfrist. Sie erzielen in diesem Moment nicht mehr Einkünfte aus Vermietung und Verpachtung, sondern Einkünfte aus Gewerbebetrieb. Wie bei der Spekulationsfrist müssen Sie Veräußerungsgewinne versteuern und zusätzlich auch noch Gewerbesteuern zahlen. Das Schlimmste ist jedoch, dass möglicherweise auch früher vorgenommene Verkäufe jetzt mit in die Betrachtung einbezogen werden.

Um auf unser Beispiel mit Herrn Schmidt zurückzukommen: Nicht nur der Verkauf der Wohnung und des Tiefgaragenplatzes im Jahr 2000 wird erfasst, sondern auch die beiden Verkäufe von Ende 1998. Seinerzeit hatte Herr Schmidt den Veräußerungsgewinn steuerfrei mitnehmen können. Nunmehr wird aber sein Steuerbescheid für das Jahr 1998 geändert. Vorgenommene Abschreibungen werden rückgängig gemacht, da die beiden Wohnungen nunmehr als Teil des Umlaufvermögens bewertet werden, für das keine Abschreibungen vorgenommen werden können. Außerdem wird der Veräußerungsgewinn in der Art besteuert, wie dies auch bei Spekulationsgeschäften der Fall ist, also die Differenz zwischen Verkaufserlös und Buchwert muss versteuert werden.

Die Folgen in diesem Fall sind also noch schlimmer als bei einem Spekulationsgeschäft, denn bei diesem ist nur die einzelne konkrete Immobilie betroffen, während hier andere Immobilien angesteckt werden. Und falls Herr Schmidt vorhatte, demnächst eine weitere Immobilie zu verkaufen, kann er sich dies ebenfalls aus dem Kopf schlagen, denn auch diese Transaktion würde nun als gewerbliches Grundstücksgeschäft bewertet.

Die Rechtsprechung zum gewerblichen Grundstückshandel wird immer schärfer. Dafür hat sich die Rechtsprechung zu einem anderen Punkt eher zugunsten der Immobilienanleger entwickelt, nämlich zur so genannten „Liebhaberei".

3. Liebhaberei

Der Begriff „Liebhaberei" klingt sehr sympathisch und ganz und gar nicht gefährlich, aber für den Immobilienbesitzer ist die Qualifikation als „Liebhaber" das Schlimmste, was ihm überhaupt passieren kann. Von „Liebhaberei" spricht das Finanzamt immer dann, wenn keine „Einkunftserzielungsabsicht" vorliegt. Das heißt, Sie müssen, auf Dauer betrachtet, die Absicht haben, mit Ihrer Investition einen wirtschaftlichen Gewinn zu erzielen. Seit dem Jahr 1984 wurde dies häufig zu einem Problem für Immobilienbesitzer, weil der Große Senat des Bundesfinanzhofes damals festlegte, dass die erforderliche Einkünfteerzielungsabsicht bei Immobilienbesitzern nur dann vorliegt, wenn der Steuerpflichtige die Absicht hat, mit der Immobilie während der Dauer seiner Investition einen so genannten Totalüberschuss zu erzielen.

Das Problem dabei ist insbesondere, dass dieser „Totalüberschuss" lediglich als Summe aller Mieteinkünfte abzüglich der Werbungskosten ermittelt wird. Ein Veräußerungsgewinn aus dem Verkauf der Immobilie wird ebensowenig berücksichtigt wie die Steuervorteile des Anlegers. Wenn Sie also argumentieren, die Investition habe sich für Sie wirtschaftlich durchaus gelohnt, weil Sie ja schöne Steuervorteile vereinnahmt und einen erfreulichen Gewinn aus dem Verkauf der Immobilie erzielt haben, kommen Sie damit beim Finanzamt nicht weiter. Die Frage, ob eine Immobilieninvestition geeignet ist, auf Dauer diesen Totalüberschuss zu erzielen, war Gegenstand von zahlreichen Prozessen, wobei die Gerichte oftmals fragwürdige „Prognoserechnungen" erstellten. Umstritten war dabei, auf welchen Grundlagen zu rechnen und welcher Zeitraum zu berücksichtigen war (ein unüberschaubarer Zeitraum? 50 oder gar 100 Jahre? Welche Mietsteigerungen durften angesetzt werden, welche Zinssätze und welche Reparaturkosten waren zu prognostizieren?).

Erschwerend beim „Liebhaberei"-Problem kommt hinzu, dass es dabei eigentlich nicht darum geht, ob „objektiv" ein Totalüberschuss erzielt wurde, sondern dass es sich um eine Frage der Motivation und Intention des Steuerbürgers zum Zeitpunkt des Kaufes handelt, die natürlich nur sehr schwer von außen und im Nachhinein zu ermitteln ist. Schließlich ist es durchaus denkbar, dass eine Immobilieninvestition objektiv nicht dazu geeignet ist, langfristig einen Totalüberschuss zu erzielen, der Anleger dies jedoch selbst gar nicht erkennt.

Erfreuliches Grundsatzurteil des BFH

Erfreulicherweise hat der Bundesfinanzhof jedoch am 30.9.1997 ein Grundsatzurteil[20] gefällt, mit dem das Problem der „Liebhaberei" für Immobilienanleger erheblich entschärft wurde. Nach dieser Grundsatzentscheidung des BFH ist zur Feststellung der Einkünfteerzielungsabsicht grundsätzlich keine Prognoserechnung mehr erforderlich.

[20] BFH-Urteil IX R 80/94. Für Hinweise zu den nachfolgenden Ausführungen danke ich Herrn Wolfgang Spindler, Präsidialrichter am Bundesfinanzhof und Herrn Hans-Joachim Beck, Vorsitzender Richter am Finanzgericht Berlin.

Interessant ist die Vorgeschichte dieses Urteils: 1985 kaufte eine Berlinerin eine Eigentumswohnung (58 qm) und vermietete sie an ihre Mutter für 350 Mark im Monat, einschließlich Nebenkosten. Positive Einkünfte konnten mit dieser Vermietung zunächst nicht erzielt werden. Im Jahr 1985 betrugen die Verluste aus der Vermietung 12 720 DM, in ähnlicher Höhe wurden auch in den nächsten drei Jahren in der Steuererklärung Verluste geltend gemacht. Auch 1989 und 1990 sollten noch etwa 7000 DM negative Einkünfte aus der Vermietung mit positiven Einkünften verrechnet werden.

Schon bald wurde das Finanzamt misstrauisch, wahrscheinlich auch deshalb, weil es sich um ein Mietverhältnis zwischen Verwandten handelte und weil zusätzlich noch allerlei Einrichtungsgegenstände an die Mutter mitvermietet wurden. Schließlich wurde es dem Finanzamt in Berlin zu bunt, und es argumentierte, hier fehle ganz offenbar die Absicht der Vermieterin, irgendwann einen positiven Gesamtüberschuss zu erzielen, es liege also ein Fall von „Liebhaberei" vor. Eine Klage dagegen vor dem Finanzgericht blieb erfolglos. Der Bundesfinanzhof kam jedoch in seinem Grundsatzurteil zu dem Ergebnis, das Finanzgericht habe „zu Unrecht hinsichtlich der Einkünfte aus Vermietung und Verpachtung des Klägers und seiner Ehefrau die Einkünfteerzielungsabsicht verneint".

In seinem Grundsatzurteil hat der BFH klargestellt:

– „[Es] ist bei einer auf Dauer angelegten Vermietungstätigkeit grundsätzlich davon auszugehen, dass der Steuerpflichtige beabsichtigt, letztlich einen Einnahmenüberschuss zu erwirtschaften, auch wenn sich über längere Zeiträume Werbungskostenüberschüsse ergeben."

– „...dass Liebhaberei bei den Einkünften aus Vermietung und Verpachtung nur in Ausnahmefällen angenommen werden kann."

– „Eine Vermietungstätigkeit, die in den Anlaufjahren zu Werbungskostenüberschüssen führt, ist nicht schon deshalb ohne die Absicht, Einnahmeüberschüsse zu erzielen, ausgeübt worden, weil eine objektive betriebswirtschaftliche Beurteilung ergibt, dass die Vermietung in naher Zukunft nicht zur Einkünfteerzielung geeignet ist."

– „Ein besonderes Kennzeichen der Einkünfte aus Vermietung und Verpachtung besteht darin, dass die Einkunftserzielung sich im Regelfall über längere Zeiträume – oft über Jahrzehnte – erstreckt und häufig zunächst jahrelang Werbungskostenüberschüsse getragen werden müssen, weil mit Immobilien, wenn Wertsteigerungen und Steuervorteile außer Betracht bleiben, je nach Umfang der Fremdfinanzierung allenfalls erst nach sehr langen Zeiträumen eine Rendite zu erwirtschaften ist."

Damit ist nunmehr klargestellt, was die Regel und was die Ausnahme ist: Nicht der Steuerzahler muss beweisen, dass keine Liebhaberei vorliegt, sondern die Finanzverwaltung ist in der Beweispflicht, wenn sie meint, es bestehe keine Einkunftserzielungsabsicht.

Allerdings sollten Immobilienanleger trotzdem aufpassen. Denn die „Vermutungsregel" der Einkünfteerzielungsabsicht gilt nicht, wenn der Steuerpflichtige zu erkennen gegeben hat, dass er sich nicht zur langfristigen Vermietung entschlossen hatte, sondern die Immobilie – möglicherweise – alsbald wieder verkaufen wollte. Solche Fälle hat der BFH etwa beim Vorliegen von Rückkaufgarantien angenommen. In solchen Fällen werden weiterhin Prognoserechnungen erforderlich sein.

Fraglich und bisher ungeklärt ist, ob der Verkauf einer Immobilie innerhalb eines kurzen Zeitraums die Annahme rechtfertigt, dies sei von Anfang an so beabsichtigt gewesen. In der Finanzverwaltung halten viele diese Annahme dann für gerechtfertigt, wenn der Verkauf innerhalb einer Frist von fünf Jahren stattfindet, womit an die Rechtsprechung des BFH zum gewerblichen Grundstückshandel angeknüpft wird.

Problematisch erscheint es beispielsweise, wenn Sonder-AfA-Immobilien schon nach wenigen Jahren verkauft werden. Das sollte man zwar wegen der Spekulationsfrist ohnehin nicht tun, aber wer gleichwohl verkauft, für den können die Folgen noch weitaus schlimmer sein. Denn wer vom „Finanzamt" zum „Liebhaber" gemacht wird, für den bedeutet das den absoluten Steuer-Gau. Die Folge ist, dass Abschreibungen rückwirkend aberkannt werden (insofern eine Änderung der alten Steuerbescheide verfahrensrechtlich noch möglich ist, was jedoch häufig der Fall ist, da die Veranlagung vorläufig bzw. unter dem Vorbehalt der Nachprüfung erfolgt). Dies ist auch beim „gewerblichen Grundstückshandel" so. Bei der „Liebhaberei" kommt jedoch noch hinzu – und dies ist in den Auswirkungen oft dramatisch –, dass alle Werbungskosten, die Sie bislang geltend gemacht hatten, nicht mehr als solche anerkannt werden.

Dazu gehören auch die Schuldzinsen aus der Fremdfinanzierung. Auch wenn Sie also in den letzten Jahren die Zinsen in Ihren Steuererklärungen als Werbungskosten abgesetzt hatten und das Finanzamt dies anerkannt hat, werden diese Steuerbescheide wieder geändert, wenn Sie als „Liebhaber" qualifiziert worden sind. Das kann zu ganz erheblichen Steuernachzahlungen für die letzten Jahre führen, besonders für Immobilienbesitzer, die einen hohen Teil ihrer Investition fremdfinanziert haben.

Sie sehen also, dass beim Verkauf einer Immobilie zahlreiche Steuerfallen lauern. Jede davon hat ihre eigenen Tücken und Besonderheiten. Zur einfachen Übersicht haben der Finanzrichter Hans-Joachim Beck und ich eine „Checkliste Immobilienverkauf" entwickelt, aus der Sie rasch entnehmen können, wann Sie in welche Steuerfalle tappen – und was passiert, wenn die Steuerfalle zugeschnappt ist (siehe Grafiken S. 102: Checkliste Immobilienverkauf).

Sehen Sie Ihren Immobilienkauf als langfristige Investition. Meistens werden Sie dann auf der „sicheren Seite" sein, wenn Sie mindestens zehn Jahre mit dem Verkauf der Immobilie warten. Allerdings muss ehrlicherweise hinzugefügt werden, dass Ihnen niemand garantieren kann, dass sich die Gesetzgebung bis dahin nicht wieder verändert hat und die Frist für private Veräußerungsgeschäfte dann nicht mehr zehn Jahre, sondern beispielsweise 15 oder 20 Jahre beträgt. Dann würde es Ihnen auch nichts nützen, dass Sie die Immobilie seinerzeit unter anderen Prämissen gekauft haben. Denn genau so ist es ja all jenen gegangen, die bis Ende 1998 Immobilien erworben hatten. Wer beispielsweise 1995 eine Wohnung gekauft hatte, der konnte damals davon ausgehen, dass er sie bereits zwei Jahre später steuerfrei wieder weiterveräußern kann. In der Tat war die Immobilie auch nach zwei Jahren aus der Spekulationsfrist herausgefallen. Und dann, ab 1. Januar 1999, war sie doch wieder „drin". Im Steuerrecht spricht man von einer „unechten Rückwirkung",

Checkliste Immobilienverkauf

Wann geraten Sie in welche Steuerfalle?

Voraussetzungen	Gewerblicher Grundstückshandel	Spekulation	Liebhaberei
Besitzdauer vor Verkauf	Gefahr bei Verkauf in ersten 5 Jahren (bei branchennahen Personen 10 Jahre)	Neue Spekulationsfrist = 10 Jahre ab Kauf	Ungeklärt Vorsicht bei Verkauf in ersten 5 Jahren
Motiv des Verkaufs spielt eine Rolle	Nein	Nein	Ja
Anzahl der verkauften Objekte	Bis zu 3 Objekten in 5 Jahren in der Regel unschädlich	Ohne Bedeutung	Ohne Bedeutung
Eindeutige gesetzliche Regelungen	Nein, nur Rechtsprechung	Ja	Nein, nur Rechtsprechung

Quelle: H.-J. Beck/Die Welt

Checkliste Immobilienverkauf

Was passiert, wenn die Steuerfalle zuschnappt?

Konsequenz	Gewerblicher Grundstückshandel	Spekulation	Liebhaberei
Abschreibungen werden aberkannt (unter Umständen auch rückwirkend)	Ja	Ja, wenn Anschaffung nach 31.7.95	Ja
Übrige Werbungskosten (z.B. Schuldzinsen) werden gestrichen	Nein	Nein	Ja
Veräußerungsgewinn muss versteuert werden	Ja	Ja	Nein
Gewerbesteuerpflicht	Ja	Nein	Nein
Zur Finanzierung eingesetzte Lebensversicherung wird steuerpflichtig	Ja	Nein, außer wenn Erlös steuerschädlich verwendet wird	Nein, außer wenn Erlös steuerschädlich verwendet wird

Quelle: H.-J. Beck/Die Welt

die leider grundsätzlich nach Urteilen des Bundesverfassungsgerichts erlaubt ist.[21]

Manchmal wird argumentiert, die steuerfreie Veräußerung von Immobilien sei ohnehin ein besonderes deutsches Privileg, das es in anderen Ländern nicht gebe. Die Regelungen in anderen Ländern, wie etwa in den Vereinigten Staaten, sind jedoch gerade für denjenigen, der beispielsweise nach fünf oder sechs Jahren verkauft, inzwischen viel günstiger als in Deutschland. Denn während bei uns Veräußerungsgewinne mit den extrem hohen Steuersätzen versteuert werden, gelten in den USA und in vielen anderen Ländern sehr niedrige Steuersätze, besonders dann, wenn man die Immobilie bereits seit einigen Jahren besitzt. Schließlich wird in manchen anderen Ländern auch der Effekt der Geldentwertung bei der Ermittlung des Veräußerungsgewinns berücksichtigt, während in Deutschland auch nur scheinbare Wertsteigerungen, die also auf der Inflation beruhten, besteuert werden.

Fast alle Immobilienerwerber fragen ihren Steuerberater, bevor sie eine Immobilie kaufen. Aber der fachkundige Rat des Steuerberaters beim Verkauf Ihrer Immobilie ist vielleicht noch wichtiger als der Rat beim Kauf. Geben Sie Ihrem Steuerberater unsere „Checklisten Immobilienverkauf" und lassen Sie die drei Steuerfallen prüfen: Spekulationsfrist, gewerblicher Grundstückshandel, Liebhaberei.

[21] Wolfgang Spindler, Richter am BHF, Verfassungsrechtliche Grenzen einer Rückwirkung von Steuergesetzen, in: Deutsches Steuerrecht, Heft 26, Seite 953–992, Juni 1998. Spindler, der Präsidialrichter am BFH ist, gibt dort einen ausgezeichneten – und kritischen – Überblick zu der Rechtsprechung des Bundesverfassungsgerichts.

8 Immobilienfonds – Vorteile und Probleme

Bisher war in diesem Buch vorwiegend von direkten Investitionen in Immobilien die Rede. Neben der Möglichkeit, eine Eigentumswohnung oder ein Haus als Kapitalanlage zu erwerben, gibt es jedoch auch mehrere Varianten des indirekten Investments. Die wichtigsten Arten des indirekten Investments sind die offenen und die geschlossenen Immobilienfonds sowie die Immobilienaktien.

1. Offene Immobilienfonds

Offene Immobilienfonds sind Investmentfonds, welche die Gelder einer Vielzahl von Anlegern einsammeln und damit dann vor allem gewerbliche Immobilien wie z. B. Einkaufszentren oder Bürohäuser erwerben. Im Unterschied zu den geschlossenen Fonds ist das Investmentgeschäft der offenen Fonds im „Gesetz über Kapitalanlagegesellschaften" (KAGG) genau geregelt.

„Offen" sind diese Fonds in doppelter Hinsicht. Erstens müssen sie ihre Immobilienanlagen diversifizieren. Während geschlossene Immobilienfonds oftmals nur eine einzige Immobilie erwerben, schreibt das KAGG den offenen Fonds vor, dass sie mindestens zehn Grundstücke erwerben müssen, von denen zum Zeitpunkt des Erwerbs keines mehr als 15 % des Sondervermögens ausmachen darf. Damit soll gewährleistet werden, dass das Risiko der Anlage breit gestreut wird.

Zweitens sind die Fonds auch insofern offen, als sie einer unbegrenzten Zahl von Anlegern offenstehen, während geschlossene Fonds für ein bestimmtes Objekt (oder auch für mehrere Objekte) Gelder einsammeln und den Fonds schließen, sobald diese Gelder eingesammelt sind. Offene Immobilienfonds sind diejenige Form des Investments, bei der sich Anleger, die sonst nicht die Mittel hätten, Immobilieneigentum zu erwerben, schon mit kleinsten Beträgen engagieren können. So ist es möglich, Anteilscheine für 100 DM oder weniger zu erwerben.

Große Kapitalanlagegesellschaften mit offenen Immobilienfonds sind beispielsweise die Deutsche Gesellschaft für Immobilienfonds (DEGI), die Deutsche Immobilienfonds AG (DIFA), die Deutsche Sparkassen-Immobilien-Anlagegesellschaft (DESPA) oder die Commerz Grundbesitz Investmentgesellschaft (CGI). Anteile an den offenen Immobilienfonds werden denn auch vorwiegend über Banken und Sparkassen vertrieben.

§ 35 des KAGG verlangt auch, dass offene Immobilienfonds mindestens 5 % des Wertes des Sondervermögens als Mindestliquidität halten müssen, damit gewährleistet ist, dass der Anleger seine Investmentanteile jederzeit zurückgeben kann. Hier liegt ein wichtiger Unterschied zwischen Direktinvestitionen und geschlossenen Immobilienfonds einerseits und offenen Immobilienfonds (aber auch Immobilienaktien) andererseits: Während der Käufer eines Hauses oder einer Eigentumswohnung diese nicht von heute auf morgen verkaufen kann und auch durch einen geschlossenen Immobilienfonds auf sehr lange Zeit fest gebunden ist, kann er Anteile eines offenen Immobilienfonds grundsätzlich täglich zurückgeben.[22] Für viele Anleger ist dies ein wichtiges Argument, da sie im offenen Immobilienfonds eine Möglichkeit zur langfristigen Geldanlage sehen, ohne auf die jederzeitige Liquidierbarkeit der Anlage verzichten zu müssen.

Die Möglichkeit, das Investmentzertifikat tagtäglich wieder zurückzugeben, heißt jedoch nicht, dass sich offene Immobilienfonds dazu eignen, kurzfristig Geld zu „parken", so wie etwa auf dem Sparbuch oder in einem Geldmarktfonds. Denn zunächst einmal muss der Anleger einen Ausgabeaufschlag von meistens 5 oder 5,5 % bezahlen. Dazu kommt noch eine laufende Verwaltungsgebühr. Das heißt: Bei einem offenen Immobilienfonds, der eine Wertsteigerung von 5 % im Jahr erzielt, hat der Anleger einen Verlust gemacht, wenn er seinen Anteil nach einem Jahr zurückgibt. Ähnlich wie Aktienfonds eignen sich offene Immobilienfonds nur als langfristige Anlage.

Obwohl das Gesetz lediglich vorschreibt, dass 5 % des Sondervermögens liquide angelegt sein müssen, erreicht die Liquiditätsrücklage

[22] Nach dem KAGG kann zwar die Rücknahme bis zu zwei Jahren verweigert werden, jedoch ist dies noch nie passiert.

nicht selten 30 oder 40 %. Besonders in den letzten Jahren, wo die offenen Immobilienfonds erhebliche Zuflüsse verzeichnen konnten, war es oftmals schwierig, dieses Geld wirklich sinnvoll anzulegen, sodass manchmal nur der gesetzlich vorgeschriebene Immobilienanteil von 51 % realisiert werden konnte. Der Rest wurde in andere sichere Kapitalanlagen investiert.

Der Anleger sollte sich also bewusst sein, dass – anders als bei geschlossenen Fonds oder auch bei Immobilienaktien – nur ein Teil seines Geldes in Immobilien investiert ist und es sich bei den offenen Immobilienfonds oftmals tatsächlich um gemischte Immobilien- und Rentenfonds handelt.

Mit offenen Immobilienfonds sind bei weitem nicht jene Steuervorteile zu erzielen, die in den vergangenen Jahren mit geschlossenen Immobilienfonds oder auch mit Direktinvestments erzielt werden konnten. Gleichwohl sind sie für Anleger interessant, die ihren Sparerfreibetrag bereits ausgeschöpft haben und die bei einer Anlage ihres Kapitals in Rentenpapieren Zinserträge voll versteuern müssten. Denn die Erträge der offenen Immobilienfonds sind zu 30 bis 40 % steuerfrei. Diese steuerfreien Erträge kommen durch Kursgewinne aus dem Verkauf von Wertpapieren und durch den Verkauf von Immobilien zustande, die außerhalb der zehnjährigen Spekulationsfrist veräußert werden. Man spricht hier von „außerordentlichen" Erträgen, die nicht der Besteuerung unterliegen. Daneben hat der Immobilienfonds natürlich auch ordentliche Erträge, nämlich Mieteinnahmen und Zinseinnahmen, die zu versteuern sind.

Zunehmend haben offene Immobilienfonds in den letzten Jahren auch in anderen europäischen Ländern investiert, beispielsweise in Holland, Frankreich und in Großbritannien. Dadurch konnten negative Entwicklungen auf dem deutschen Immobilienmarkt teilweise kompensiert werden, da sich in anderen Ländern die Immobilienpreise meistens positiv entwickelt haben. Zudem sind solche Investitionen steuerlich vorteilhaft, wenn es ein Doppelbesteuerungsabkommen mit diesen Ländern gibt, das die Besteuerung im „Belegenheitsland" vorsieht, in dem die Steuersätze deutlich niedriger sind als in Deutschland. Eine im August 1999 veröffentlichte Untersuchung von Helaba

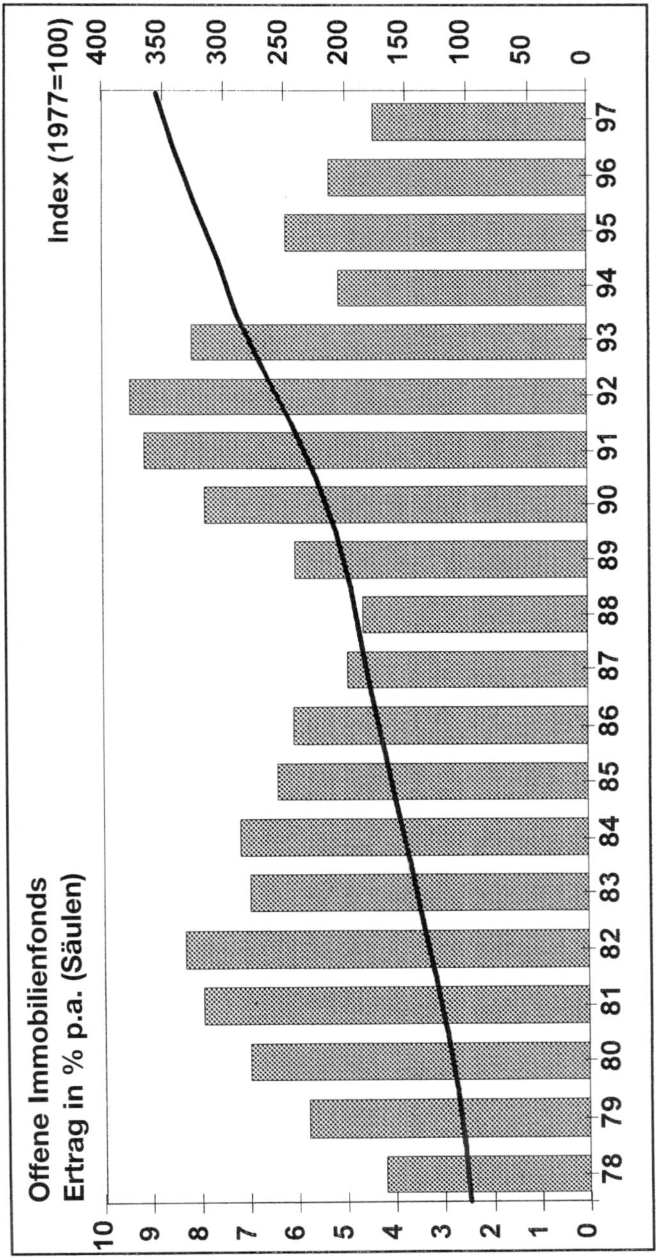

Quelle: HelabaTrust Beratungs- und Management Gesellschaft mbH

Trust ergab, dass der Anleger in den Jahren 1978 bis 1997 mit offenen Immobilienfonds sein eingesetztes Kapital etwa um das Dreifache vermehren konnte. Die Jahreserträge offener Immobilienfonds erwiesen sich über die Jahre im Vergleich zu anderen Immobilienanlagen als sehr stabil. In keinem Jahr des Untersuchungszeitraums wurden mit offenen Immobilienfonds Verluste erzielt. Die gleichmäßige Wertentwicklung erklärt sich durch die zeitweise sehr hohen Liquiditätsreserven der Fonds und die auf eine Verstetigung der Kursentwicklung der Fondsanteile angelegte Bewertung der Fonds-Immobilien, die freilich nicht immer unumstritten war.

Die offenen Immobilienfonds werden sich in Zukunft verstärkt gegen die Konkurrenz von drei alternativen Produkten zu bewähren haben: Zum einen die Aktienfonds, die zwar eine wesentlich stärkere Volatilität aufweisen, aber bei langfristiger Betrachtung bessere Renditen abwerfen. Zum anderen werden die offenen Fonds verstärkt in den Wettbewerb zu den Immobilienaktien treten, die einige entscheidende Vorteile aufzuweisen haben (siehe Kapitel 9). Schließlich wird man gespannt sein dürfen, wie sich der Wettbewerb mit jenen geschlossenen Fonds entwickelt, die nicht mehr auf Verlustzuweisungen beruhen, sondern als so genannte „Renditefonds“ aufgelegt werden.

2. Geschlossene Immobilienfonds

Geschlossene Immobilienfonds haben nach der Wiedervereinigung einen regelrechten Boom erlebt, der vor allem auf die Sonderabschreibungen des Fördergebietsgesetzes (siehe S. 72 ff.) zurückzuführen war. Bei geschlossenen Immobilienfonds handelt es sich um Personengesellschaften entweder in Form der Gesellschaft bürgerlichen Rechts (GbR) oder in Form der vermögensverwaltenden Kommanditgesellschaft (KG), in denen eine größere, aber beschränkte Anzahl von Anlegern zusammengeschlossen ist, die gemeinsam eine oder auch mehrere Immobilien erwerben und verwalten. Der Fonds ist also eine Sammelstelle für das Kapital, welches benötigt wird, um größere Immobilien zu erwerben – meist sind dies gewerbliche Immobilien, jedoch kann es sich auch um Wohnimmobilien handeln.

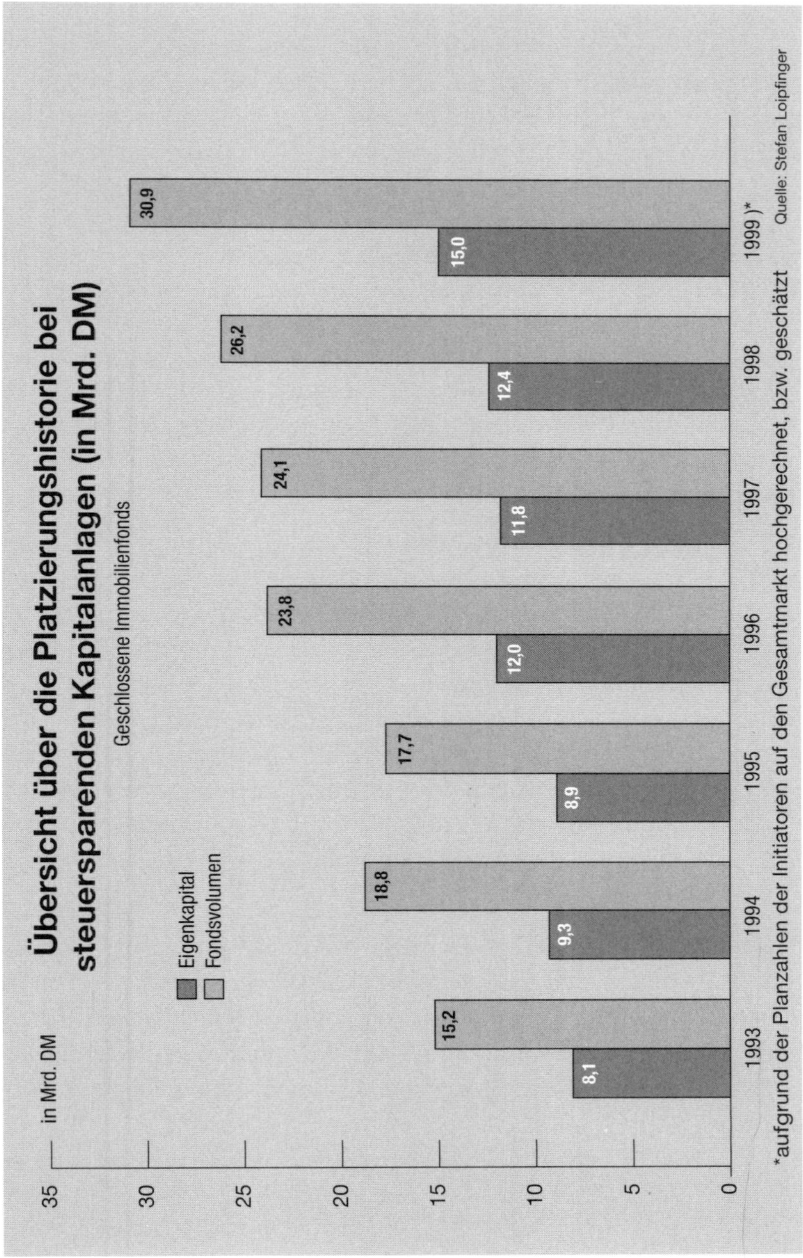

Übersicht über die Platzierungshistorie bei steuersparenden Kapitalanlagen (in Mrd. DM)
Geschlossene Immobilienfonds
in Mrd. DM
Eigenkapital
Fondsvolumen
35
30
25
20
15
10
5
0
8,1
15,2
9,3
18,8
8,9
17,7
12,0
23,8
11,8
24,1
12,4
26,2
15,0
30,9
1993
1994
1995
1996
1997
1998
1999)*
*aufgrund der Planzahlen der Initiatoren auf den Gesamtmarkt hochgerechnet, bzw. geschätzt
Quelle: Stefan Loipfinger

Attraktiv waren die geschlossenen Immobilienfonds in den letzten Jahren vor allem wegen der Möglichkeit, auf dem Weg hoher „Verlustzuweisungen" die Steuerlast zu senken. Dies funktionierte folgendermaßen: In der Investitionsphase wurden durch Finanzierungskosten (Damnum) und hohe Abschreibungen Verluste aus Vermietung und Verpachtung erzielt. Bei den Fonds erfolgt eine so genannte „gesonderte und einheitliche Gewinnfeststellung". Die steuerlichen Daten werden im Rahmen der Gewinnfeststellung der Gesellschaft erfasst. Anders als bei einer Direktinvestition muss der Anleger, was sehr bequem ist, nicht die einzelnen Positionen wie beispielsweise Mieteinkünfte, Finanzierungskosten und andere Werbungskosten aufstellen und dem Finanzamt mitteilen, denn diese Arbeit nimmt ihm der Fonds ab. Er bekommt dann lediglich eine Mitteilung über die Höhe der „Verlustzuweisung", die er zusammen mit seiner Einkommensteuererklärung beim Finanzamt einreicht.

Die steuerorientierten Fonds, wie es sie in den neunziger Jahren gab, gehören jedoch aus mehreren Gründen in dieser Form der Vergangenheit an. Der erste Grund ist der, dass die Sonderabschreibung nach dem Fördergebietsgesetz am 31.12.1998 ausgelaufen ist. Gleichwohl wären durchaus weiterhin „Verlustzuweisungen" möglich gewesen, und zwar beispielsweise durch die Inanspruchnahme der degressiven AfA oder der Denkmalschutz-AfA sowie durch eine hohe Fremdfinanzierung. Dem hat der Gesetzgeber jedoch durch den § 2b EStG einen Riegel vorgeschoben (siehe S. 76 ff.). Fonds der „alten Art", auch solche, die noch konservierte Sonder-AfA enthalten, können nur noch bis zum 31.12.2000 vertrieben werden.

Welche neuen Fonds trotz dieses Paragrafen möglich sein werden, lässt sich im Moment noch schwer sagen. Möglicherweise sind so genannte Renditefonds zu realisieren, die in gewerbliche Immobilien mit relativ hohen Renditen investieren. Fonds mit Wohnimmobilien werden hingegen wegen der deutlich geringeren Renditen kaum mehr zu realisieren sein.

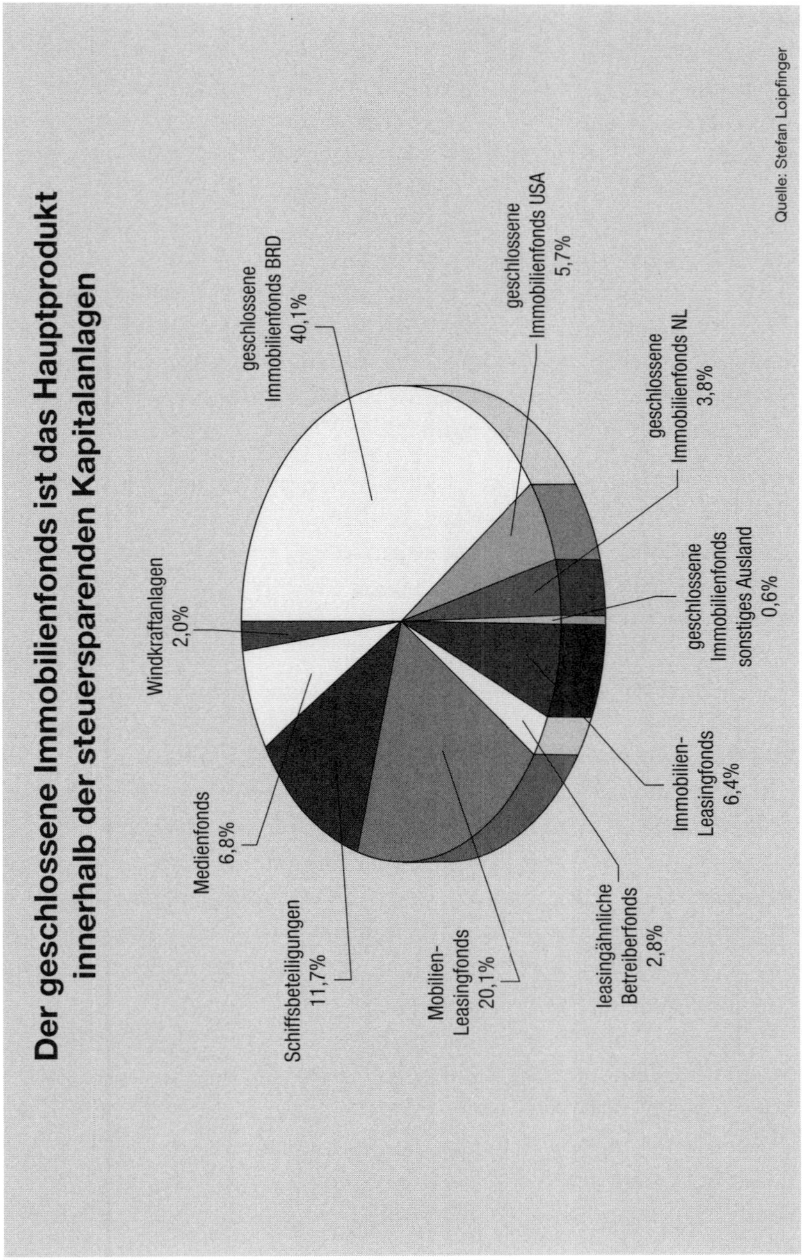
Der geschlossene Immobilienfonds ist das Hauptprodukt innerhalb der steuersparenden Kapitalanlagen
Windkraftanlagen 2,0%
geschlossene Immobilienfonds BRD 40,1%
geschlossene Immobilienfonds USA 5,7%
geschlossene Immobilienfonds NL 3,8%
geschlossene Immobilienfonds sonstiges Ausland 0,6%
Immobilien-Leasingfonds 6,4%
leasingähnliche Betreiberfonds 2,8%
Mobilien-Leasingfonds 20,1%
Schiffsbeteiligungen 11,7%
Medienfonds 6,8%
Quelle: Stefan Loipfinger

Geschlossene Auslandsimmobilienfonds

Interessant werden auf jeden Fall geschlossene Auslandsimmobilienfonds, die bereits 1998 einen Anteil von 11 % an den steuersparenden Kapitalanlagen hatten. Dabei handelt es sich hier eher um Strategien der Steuervermeidung als um das „Steuernsparen". Denn „Steuernsparen" ist immer nur dann möglich, wenn Verluste (vor allem aus Vermietung und Verpachtung, aber auch aus Gewerbebetrieb) mit positiven Einkünften aus derselben Einkunftsart (horizontaler Verlustausgleich) oder aus anderen Einkunftsarten (vertikaler Verlustausgleich) ausgeglichen werden können. Beides ist jedoch bei Immobilieninvestitionen im Ausland grundsätzlich nicht möglich. Interessant ist es hingegen, die hohen Freibeträge und die niedrigen Steuersätze in anderen Ländern für deutsche Immobilieninvestoren zu nutzen.

Die Art der Besteuerung von Einkünften, die im Ausland erzielt werden, wird durch die Abkommen zur Vermeidung der Doppelbesteuerung (DBA) bestimmt. Für die meisten Länder gilt die so genannte Freistellungsmethode, die – vereinfacht ausgedrückt – besagt, dass Einkünfte aus der Vermietung einer Immobilie in dem Land besteuert werden, in dem die Immobilie liegt („Belegenheitsland"). In Deutschland werden bei Anwendung der Freistellungsmethode keine Steuern fällig.

Was der „Progressionsvorbehalt" bewirkt

Hier gilt dann allerdings der so genannte Progressionsvorbehalt. Dies bedeutet, dass das Finanzamt zur Ermittlung Ihres inländischen Durchschnittssteuersatzes das ausländische Einkommen dem inländischen Einkommen zurechnet und mit der dann ermittelten höheren Progressionsstufe das zu versteuernde Einkommen – ohne Hinzurechnung der im Ausland erzielten Einkünfte – besteuert. Die Auswirkungen des Progressionsvorbehaltes werden stärker bis zum Erreichen des Spitzensteuersatzes. Wer darüber hinaus verdient, für den werden die Nachteile des Progressionsvorbehaltes dann jedoch wieder geringer. Der Fondsexperte Stefan Loipfinger hat an einem Beispiel berechnet, wie sich der Progressionsvorbehalt bei einer Zeichnungssumme von 100 000 US-Dollar bei einem geschlossenen US-Immobilienfonds auf die Höhe der Rendite auswirkt (siehe Grafik S. 113: Progressionsvorbehalt mindert Rendite).

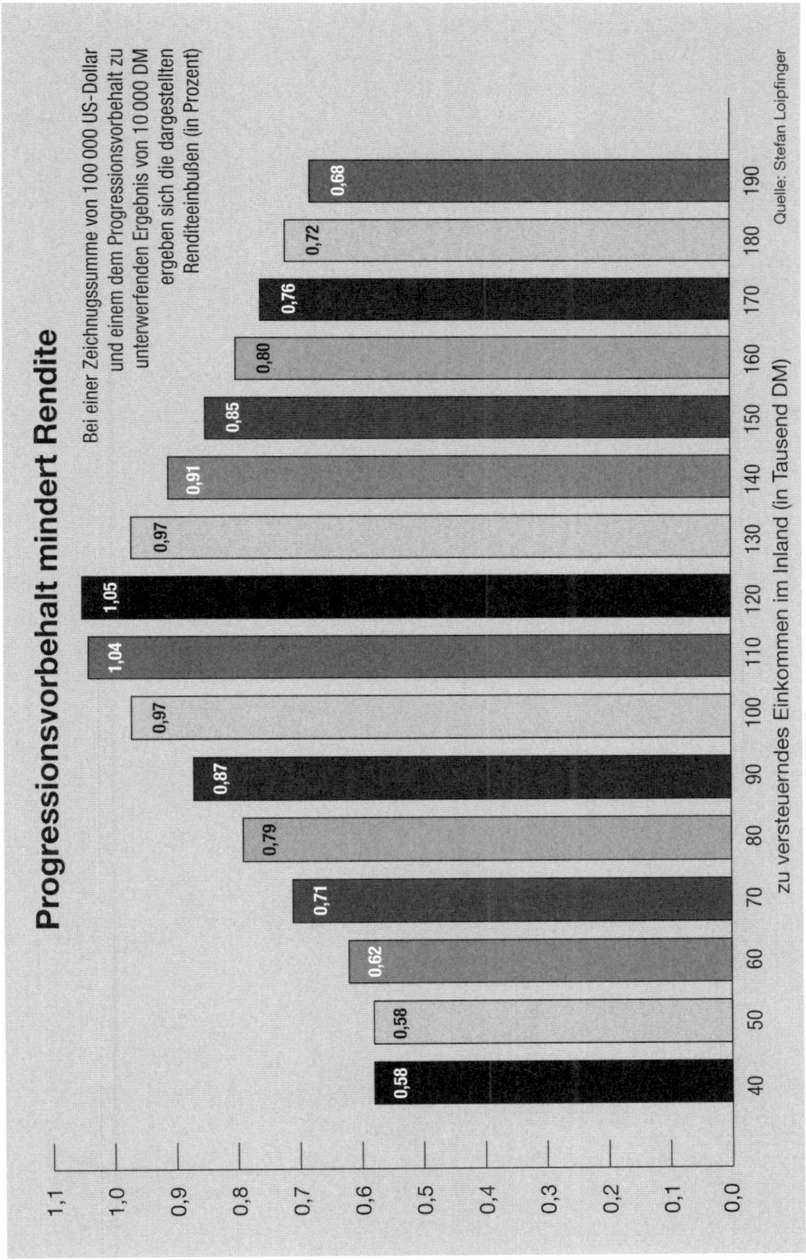
Progressionsvorbehalt mindert Rendite
Bei einer Zeichnungssumme von 100 000 US-Dollar
und einem dem Progressionsvorbehalt zu
unterwerfenden Ergebnis von 10 000 DM
ergeben sich die dargestellten
Renditeeinbußen (in Prozent)
1,1
1,0
0,9
0,8
0,7
0,6
0,5
0,4
0,3
0,2
0,1
0,0
0,58
0,58
0,62
0,71
0,79
0,87
0,97
1,04
1,05
0,97
0,91
0,85
0,80
0,76
0,72
0,68
40
50
60
70
80
90
100
110
120
130
140
150
160
170
180
190
zu versteuerndes Einkommen im Inland (in Tausend DM)
Quelle: Stefan Loipfinger

Die Aussage in manchen Prospekten, der Progressionsvorbehalt spiele für Besserverdienende, die ohnehin dem Spitzensteuersatz unterliegen, keine Rolle, ist in dieser Form also nicht richtig, denn beim Progressionsvorbehalt geht es um den Durchschnitts- und nicht um den Spitzensteuersatz. Selbst bei Spitzenverdienern, die mehrere 100 000 DM im Jahr verdienen, liegt der Durchschnittssteuersatz noch lange nicht bei der Obergrenze des Spitzensteuersatzes. Beides wird manchmal verwechselt, und dies führt dann zu unrichtigen Aussagen auch in den Fondsprospekten.

Trotzdem gleicht die negative Wirkung des Progressionsvorbehalts die positiven Effekte der „Freistellungsmethode" bei weitem nicht aus. Diese positive steuerliche Wirkung für deutsche Anleger ergibt sich daraus, dass sie von den Freibeträgen in anderen Ländern profitieren können, wo sie bislang in der Regel ja noch keine Einkünfte haben. Wer Einkünfte aus Immobilien erzielt, die innerhalb dieser Freibeträge liegen, zahlt darauf überhaupt keine Steuern. Ein Anleger, der beispielsweise geschlossene Fonds in den Niederlanden, den USA und Großbritannien zeichnet, kann auf diese Weise insgesamt etwa 25 000 DM im Jahr steuerfrei vereinnahmen.

Selbst dann, wenn die Freibeträge überschritten werden, sind die Steuersätze meist sehr niedrig, sodass der Anleger von dem Steuergefälle zwischen dem Hochsteuerland Deutschland und anderen Ländern mit deutlich niedrigeren Steuersätzen profitieren kann. Der Freibetrag pro Anleger beträgt beispielsweise (Stand August 1999) in den Niederlanden 8799 Gulden (etwa 7800 DM), in Österreich 50 000 Schilling (etwa 7100 DM), in Großbritannien 4335 Pfund (etwa 13 000 DM) und in den USA 2750 US-Dollar (etwa 5100 DM). Einkünfte, die darüber hinausgehen, werden nur mit geringen Eingangssteuersätzen besteuert – so beispielsweise mit 6,2 % in den Niederlanden, mit 10 % in Großbritannien oder mit 15 % in den Vereinigten Staaten (siehe Grafik S. 115: Das Ausland lockt mit hohen Freibeträgen und niedrigen Steuersätzen).

Das Ausland lockt mit hohen Freibeträgen und niedrigen Steuersätzen

Freibeträge, Steuersätze und Einkommensstaffeln für Investoren in geschlossene Immobilienfonds mit Immobilien in den Niederlanden, Österreich, Großbritannien und den USA

Freibetrag p. a. pro Anleger in

	Niederlande		Österreich		Großbritannien		USA	
Ledig	NLG 8799	entspricht ca. DM 7800	ÖS 50 000	entspricht ca. DM 7100	GBP 4335	entspricht ca. DM 13 000	US-$ 2750	entspricht ca. DM 5100
verheiratet getrennte Zeichnung, jeweils	NLG 8799	DM 7800	ÖS 50 000	DM 7100	GBP 4335	DM 13 000	US-$ 2750	DM 5100

Steuersätze für die die Freibeträge übersteigende Einkünfte pro Anleger in

	Niederlande				Österreich					Großbritannien			USA				
Steuersatz	6,2%	7,5%	50%	60%	21%	31%	41%	50%		10%	23%	40%	15%	28%	31%	36%	39,6%
Ledig (zu versteuernde Einkünfte in NLG, ÖS, GBP bzw. US-$)	0- 15 000	15 001 48 175	48 176- 105 954	über 105 954	1- 50 000	50 001- 250 000	250 001- 650 000	über 650 000		0- 1500	1501 28 000	über 28 000	0- 25750	25 751 62 450	62 451 130 250	130 250 283 150	über 283 150
verheiratet, getrennte Zeichnung, jeweils (zu versteuernde Einkünfte in NLG, ÖS, GBP bwz. US-$)	0- 15 000	15 001 48 175	48 176- 105 954	über 105 954	1- 50 000	50 001- 250 000	250 001- 650 000	über 650 000		0- 15000	1501 29 500	über 29 500	0- 21 525	21 526- 52 025	52 026 79 275	79 276 141 575	über 141 575

Stand: August 1999 Quelle: IBV-Fondskonzeption, Wiesbaden

Steuervermeidung – zum Beispiel mit USA-Fonds

Wie vorteilhaft dies ist, soll am Beispiel der USA erläutert werden (siehe Grafik S. 117: Steuervorteile mit US-Immobilien).

Beispiel:

Nehmen wir einen Anleger, der in Deutschland ein zu versteuerndes Einkommen von 110 000 DM hat. Dazu hat er (umgerechnet) 3948 DM Einkünfte aus der Vermietung einer Immobilie in den Vereinigten Staaten. Steuern in den USA muss er dafür keine bezahlen, denn er bewegt sich innerhalb der Freibeträge.

Zwar erhöht sich seine deutsche Steuer wegen des Progressionsvorbehaltes, aber insgesamt ergibt sich eine um 1490 DM niedrigere Gesamtsteuerlast für den Anleger, als wenn er statt in den USA in Deutschland steuerpflichtige Einkünfte aus Vermietung und Verpachtung in gleicher Höhe realisiert hätte.

Noch höher fällt der Steuervorteil für einen Anleger aus, der in Deutschland ein zu versteuerndes Einkommen von 300 000 DM hat. Der Progressionsvorbehalt hat bei diesem Anleger einen geringeren Effekt. Hätte er die 3948 DM Einkünfte aus Vermietung und Verpachtung in Deutschland und nicht in den Vereinigten Staaten, dann ergäbe sich eine um 2012 DM höhere Steuerbelastung für den Anleger. Anders ausgedrückt: Er hat etwa 2000 DM Steuern gespart, weil er statt in Deutschland in den USA investiert hat.

Aber auch derjenige, der mehr investiert, sodass er auch in den USA Steuern zahlen muss, profitiert von den niedrigen Eingangssteuersätzen, die es dort gibt.

Beispiel:

Nehmen wir einen Ledigen, der in Deutschland 110 000 DM zu versteuern hat und der in den USA Einkünfte aus Vermietung in Höhe von (umgerechnet) 9212 DM hat. Zwar muss er 606 DM Steuern in den USA bezahlen, und wegen des Progressionsvorbehaltes erhöht sich seine deutsche Steuer um 1791 DM. Trotzdem zahlt er immer noch 2954 DM Steuern weniger, als er in dem Fall bezahlen müsste, dass er in Deutschland Einkünfte aus Vermietung und Verpachtung in gleicher Höhe erzielt hätte.

Noch günstiger stellt sich die Situation wiederum für einen Besserverdienenden dar, der 300 000 DM in Deutschland zu versteuern hat. Für ihn wirkt sich der Progressionsvorbehalt weniger stark aus, seine deutsche Steuer erhöht sich nur um 732 DM. In den USA bezahlt er ebenfalls nur 606 DM Steuern. Ergebnis: Er hat 4102 DM weniger Steuern zu zahlen, als dies der Fall wäre, wenn seine Immobilie nicht in den USA, sondern in Deutschland stehen würde.

Steuervorteile mit US-Immobilien

	Ledig, 110 000 DM zu versteuerndes Einkommen			Ledig, 300 000 DM zu versteuerndes Einkommen		
	Beispiel 1 keine Einkünfte aus VuV	***Beispiel 2*** Einkünfte aus VuV D: **3948** DM	***Beispiel 3*** Einkünfte aus VuV USA: **3948** DM	***Beispiel 4*** keine Einkünfte aus VuV	***Beispiel 5*** Einkünfte aus VuV D: **3948** DM	***Beispiel 6*** Einkünfte aus VuV USA: **3948** DM
Deutschland						
in Deutschland steuerpflichtige Einkünfte aus Vemietung und Verpachtung (VuV)	**0**	**3948**	**0**	**0**	**3948**	**0**
zu versteuerndes Einkommen	**110 000**	**110 000**	**110 000**	**300 000**	**300 000**	**300 000**
in Deutschland zu versteuerndes Einkommen	**110 000**	**113 948**	**110 000**	**300 000**	**303 948**	**300 000**
darauf deutsche Einkommensteuer inkl. SolZ + KiSt	**- 40 720**	**- 43 004**	**- 41 514**	**- 152 581**	**- 154 904**	**- 152 892**
USA						
in den USA steuerpflichtige Einkünfte aus Vermietung und Verpachtung	**0**	**0**	**3948**	**0**	**0**	**3948**
darauf US-Einkommensteuer (Freibetrag $ 2750)	**0**	**0**	**0**	**0**	**0**	**0**
Gesamtergebnis						
Nettoeinkommen	**69 280**	**70 944**	**72 434**	**147 419**	**149 044**	**151 056**
Gesamtbelastung Deutschland + USA	**40 720**	**43 004**	**41 514**	**152 581**	**154 904**	**152 892**

Quelle: Dr. P.H. Eggers, Arthur Andersen

Zwar erheben manche US-Bundesstaaten zusätzliche Steuern (in Höhe von bis zu 12 %), aber meistens gibt es Freibeträge, die teilweise sogar höher sind als der Freibetrag bei der Bundeseinkommensteuer. Ehepaare können übrigens die genannten Freibeträge noch verdoppeln. Allerdings geschieht dies, anders als in Deutschland, nicht automatisch, nur weil jemand verheiratet ist. Beide Ehepartner müssen einen Anteil an dem Fonds zeichnen, damit sich der Freibetrag verdoppelt.

Manchmal wird als Argument gegen geschlossene Auslandsimmobilienfonds vorgebracht, dass zwar die laufende Besteuerung dort günstiger sei, dies jedoch mit ungünstigeren Regelungen für den Fall des Verkaufs der Immobilie bezahlt werde. In der Tat müssen beispielsweise in den Vereinigten Staaten Gewinne aus dem Verkauf einer Immobilie versteuert werden. Aber während in Deutschland die Besteuerung des Veräußerungserlöses zum vollen persönlichen Steuersatz des Anlegers erfolgt, gelten in den USA wesentlich günstigere Regelungen: Wer die Immobilie mindestens fünf Jahre lang besitzt, zahlt ab 2001 nur 8 % Steuern auf den Veräußerungsgewinn. Im schlimmsten Fall beträgt der Steuersatz bei Veräußerungen 25 %.

In manchen Ländern – so etwa in Frankreich, wo Gewinne aus der Veräußerung von Immobilien mit 33 % besteuert werden – wird außerdem bei der Berechnung des Veräußerungsgewinns die Geldentwertung berücksichtigt, während in Deutschland auch inflationsbedingte Scheingewinne mit dem vollen persönlichen Steuersatz versteuert werden müssen. Allerdings wird mitunter vergessen, dass die Verlängerung der Spekulationsfrist in Deutschland auch geschlossene Auslandsimmobilienfonds trifft, weil für Zwecke des Progressionsvorbehaltes das ausländische Einkommen nach den Regeln des deutschen Steuerrechts zu ermitteln ist. Dies ist ansonsten eher vorteilhaft, weil beispielsweise die deutsche AfA und der deutsche Werbungskostenbegriff zu berücksichtigen sind und somit viele „weiche Kosten" bei der Ermittlung der Einkünfte berücksichtigt werden, die nach ausländischem Recht außen vor bleiben. Damit wird in den ersten Jahren die negative Wirkung des Progressionsvorbehaltes oftmals wieder ausgeglichen, während sie nunmehr wegen der Verlängerung der Spekulationsfrist „am Ende" wieder stärker durchschlägt.

Ein Problem können in manchen Ländern, so auch in den USA, die Erbschaftsteuern sein, die teilweise höher sind als in Deutschland. Auch diesen Aspekt sollten Sie als Zeichner eines Auslandsimmobilienfonds nicht außer Acht lassen.

Es muss hinzugefügt werden, dass nicht in allen Ländern die steuerlichen Regelungen so vorteilhaft sind wie beispielsweise in den USA. Problematisch sind jene Länder, in denen, so wie etwa in Spanien, nicht die „Freistellungsmethode", sondern die so genannte „Anrechnungsmethode" im Doppelbesteuerungsabkommen mit Deutschland vereinbart ist. Diese führt im Ergebnis dazu, dass die Besteuerung von Immobilienerträgen zu den hohen deutschen Steuersätzen vorgenommen wird.

Fondsbeteiligung oder Direktinvestment?

Grundsätzlich wird immer wieder die Frage diskutiert, ob es sinnvoller sei, sich an geschlossenen Immobilienfonds zu beteiligen oder Immobilien direkt zu erwerben. Es gibt zwei Gruppen von Immobilienanlegern: Die einen sind „Fonds-afin" und stehen dem Erwerb von direktem Eigentum aus verschiedenen Gründen skeptisch gegenüber. Andere Anleger halten ganz grundsätzlich nichts von Fonds und ziehen es in jedem Fall vor, direkt eine Eigentumswohnung oder ein Haus zu kaufen. Für beide Sichtweisen gibt es gute Argumente.

Für die geschlossenen Fonds spricht zunächst die Risikostreuung, besonders dann, wenn sich der Anleger an mehreren Fonds beteiligt oder ein Fonds in mehrere Objekte investiert. Gibt es bei einem Objekt Vermietungsprobleme, fällt das nicht so stark ins Gewicht. Wer nicht zu den Superreichen gehört, kann ohnehin nur in Form eines geschlossenen Immobilienfonds in Gewerbeimmobilien investieren. Für den normalen Anleger sind Einkaufszentren, Freizeitparks und Bürohochhäuser nicht erschwinglich. Dabei bringen Gewerbeimmobilien meist bessere Renditen als Wohnimmobilien.

Eine im August 1999 veröffentlichte Untersuchung von Helaba Trust, in der die Performance von Gewerbeimmobilien mit der von vermieteten Eigentumswohnungen verglichen wurde, kam zu folgenden Ergebnissen: Mit einer Anlage in Gewerbeimmobilien konnte der Anleger in den Jahren 1978 bis 1997 sein Kapital nahezu versechsfachen. Die Jahres-

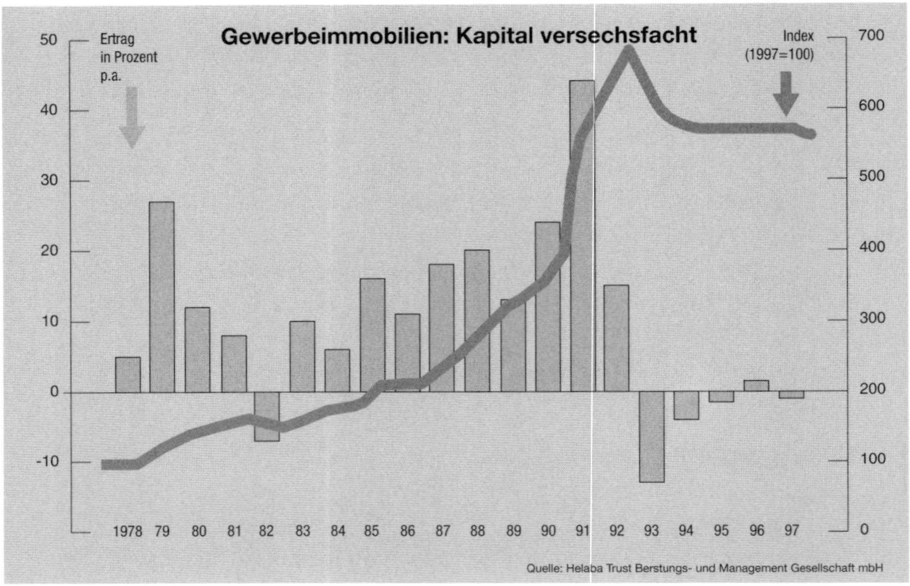
Gewerbeimmobilien: Kapital versechsfacht
Ertrag in Prozent p.a.
Index (1997=100)
50
40
30
20
10
0
-10
700
600
500
400
300
200
100
0
1978 79 80 81 82 83 84 85 86 87 88 89 90 91 92 93 94 95 96 97
Quelle: Helaba Trust Berstungs- und Management Gesellschaft mbH

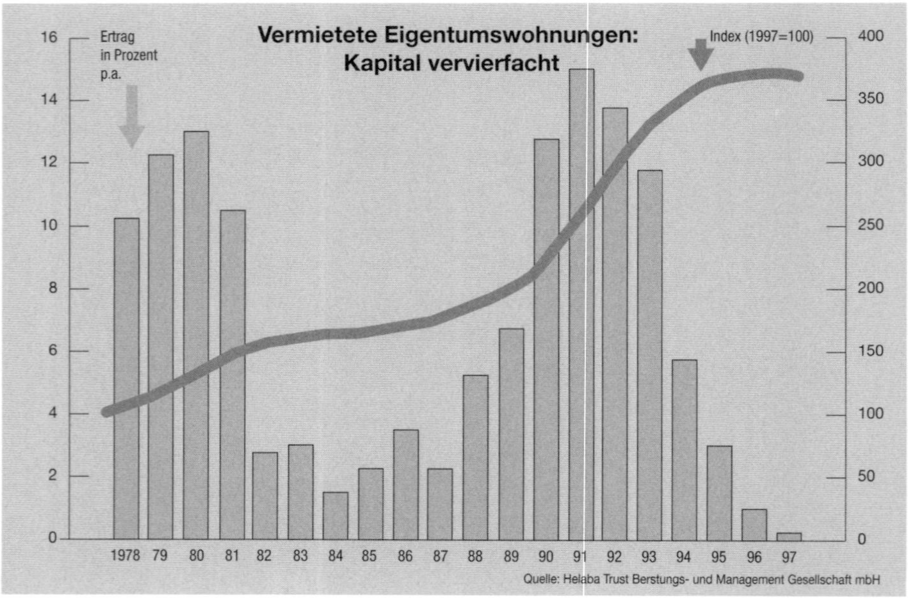
Vermietete Eigentumswohnungen: Kapital vervierfacht
Ertrag in Prozent p.a.
Index (1997=100)
16
14
12
10
8
6
4
2
0
400
350
300
250
200
150
100
50
0
1978 79 80 81 82 83 84 85 86 87 88 89 90 91 92 93 94 95 96 97
Quelle: Helaba Trust Berstungs- und Management Gesellschaft mbH

erträge von Gewerbeimmobilien schwankten jedoch sehr stark mit vereinzelten Ausschlägen unter die Nulllinie. Besonders augenfällig sind die hohen Wertzuwächse des Vereinigungsbooms und die sich anschließende Baisse-Phase (siehe Grafik S. 120: Gewerbeimmobilien).

Mit einer Kapitalanlage in Eigentumswohnungen konnte der Anleger im gleichen Zeitraum sein Kapital nahezu vervierfachen. Bei starken Schwankungen der Jahreserträge waren keine negativen Jahreserträge zu beobachten. Nach einer Phase außerordentlicher Wertzuwächse im Zusammenhang mit der Wiedervereinigung haben sich die Erträge seit 1992 Jahr um Jahr deutlich abgeschwächt, sodass jetzt in vielen Städten ein günstiges Einstiegsniveau für Investoren zu verzeichnen ist (siehe Grafik S. 120: Vermietete Eigentumswohnungen).

Wer einen Anteil an einem geschlossenen Immobilienfonds erwirbt, der kann sich schon mit verhältnismäßig bescheidenen Summen (ab 10 000 DM) an solchen Objekten beteiligen. Schließlich sind Fonds viel bequemer als reales Teileigentum. Einkauf, Vermietung und Verwaltung werden von einem professionellen Management betrieben. Der Zeichner eines Fonds wird in der Regel von den laufenden Problemen nicht tangiert. Ärger mit Mietern, die ihre Miete nicht zahlen oder den Wohnraum nicht pfleglich behandeln, ist für den Fonds-Anleger in der Regel kein Thema. Der laufende Zeitaufwand bei einer Direktanlage, also beim Kauf einer Eigentumswohnung oder eines Renditehauses, ist jedenfalls meist höher als bei einer mittelbaren Beteiligung.

Schwierigkeiten bei der Beurteilung von Fonds

Gegen geschlossene Fonds spricht jedoch vor allem das Argument, dass es für den Anleger kaum möglich ist, gute von schlechten Fonds zu unterscheiden. Der Immobilienexperte Werner Rohmert weist darauf hin, dass der Fondskäufer im Grunde in zwei Richtungen recherchieren müsste, nämlich die Immobilie und die Fondskonstruktion: „Das kann er aber nicht. Denn die Beurteilung einer gewerblichen Großimmobilie ist außerhalb seines Horizonts und die Beurteilung einer hochkomplexen Steuer- und Gesellschaftskonstruktion erst recht.“[23]

[23] Werner Rohmert, Großes Fonds Einmaleins, in: IMMOBILIEN 10/1998, S. 36 f.

Konzeption, Initiator, Garantien, Lage und Qualität der Immobilie sind das „magische Fünfeck“ der Beurteilung eines geschlossenen Immobilienfonds. Anleger können sich nicht darüber beklagen, dass die Fondsprospekte die relevanten Informationen nicht enthielten. „Paradoxerweise“, so argumentiert Rohmert jedoch zu Recht, „haben aber gerade Anlegerschützer mit hochgeschraubten Forderungen nach detaillierter Information den Fondsprospekt zur Show werden lassen. Die Pflicht zu detaillierten Risikohinweisen bis zum Hinweis auf die Gefahr des Totalverlustes unabhängig von tatsächlichen Fondsmerkmalen wie Risikostreuung, hohes Eigenkapital, langfristige Mietverträge oder langjährige werthaltige Garantien geben dem cleveren Vertrieb zweitklassiger Produkte bereits den Leitfaden für geschickten ‚Einwandverkauf‘.“[24]

Niemand wird behaupten können, dass Risiken einer Investition in den Fondsprospekten verschwiegen würden. Aber die Wirkung ist etwa die gleiche wie bei den endlosen Listen von Nebenwirkungen auf den Beipackzetteln von hochwirksamen Medikamenten: am Ende werden sie weder gelesen noch beachtet. „Extensive Risikohinweise“, so Rohmert, „sind gleichmacherisch und verlieren ihre Wirkung und Aussagekraft. Um die Inhalte eines Prospektes schert sich kaum noch ein Anleger. Nur für den Initiator sind sie das Medium des totalen Haftungsausschlusses geworden. Sogar realistische Horrorszenarien werden vom Anleger geschluckt und verleihen dem Initiator noch einen Flair von Seriosität.“ Der Anleger, so das ernüchternde Resümee, habe in der Regel keine Chance, den Fonds zu analysieren.[25]

Im Grunde wird dies durch den führenden deutschen Fondsexperten Stefan Loipfinger bestätigt, dessen „10 Gebote“ für die Prüfung eines Immobilienfonds von dem durchschnittlichen Anleger selbst mit hohem Arbeitsaufwand und bestem Willen nicht umzusetzen sind.[26] Loipfinger weist zu Recht darauf hin, dass der Anleger zunächst eine genaue Standortprüfung vornehmen muss. Dafür muss er den Standort zunächst einmal besichtigen und sich dann in die spezielle Materie einarbeiten. So müsste er versuchen, die Marktgegebenheiten und die prospektierten

---

[24] Ebenda.
[25] Ebenda, S. 37.
[26] Stefan Loipfinger, 10 Gebote für Immofonds, in: IMMOBILIEN Nr. 9/1998, S. 38 ff.

Mietansätze auf ihren Realitätsgehalt hin abzuklopfen, womit er aber überfordert sein dürfte. Wer etwa eine Eigentumswohnung in der eigenen Stadt kauft, kann mit überschaubarem Aufwand die Miethöhe und die Lage beurteilen, wer beispielsweise einen Fonds mit einer Seniorenimmobilie erwirbt, ist mit Sicherheit überfordert.

Loipfinger nennt weitere Punkte, die vom Anleger geprüft werden müssten: Ist der Einkaufspreis für die Immobilie zu hoch? Wie ist der Stand der zahlreichen Genehmigungen, die bei jedem Projekt einzuholen sind? Wie ist es um Festpreis- und Fertigstellungsgarantie, um Platzierungs- und Eigenkapitaleinzahlungsgarantie bestellt, wie realistisch ist die Prognoserechnung, wie aussagekräftig sind die Prospektprüfungsgutachten? Zu den Prognoserechnungen merkt Rohmert kritisch an: „20- bis 30-Jahres-Prognoserechnungen mit multiplikativ verknüpften Eingangswerten sind ein ideales Spielfeld für die geniale Kreativität des Initiators. Excel macht alles möglich. Renditeturbos sind neben Steuereffekten und Mondmieten für unvermietete Flächen vor allem Fremdfinanzierung, Zinsvorauszahlungen, Disagio, Inflationsraten, Veräußerungserlöse, Flächenberechnungen und Ausweis von hochpreisigen Verkaufsflächen.“[27]

Wie schwierig die Beurteilung eines Fonds ist, zeigt schon eine Kategorie wie die so genannten „weichen Kosten“, worunter im allgemeinen Sprachgebrauch jene nicht substanzhaltigen Gebühren, die durch die Fondsauflage zusätzlich zu den Objektkosten anfallen, verstanden werden. Was jedoch genau unter diesem Begriff zu verstehen ist, ist ebenso strittig, wie es unstrittig sein sollte, dass ein Fonds mit niedrigen „weichen Kosten“ durchaus nicht unbedingt die bessere Investition für den Anleger gegenüber einem Fonds mit hohen „weichen Kosten“ sein muss.

Zudem suggeriert dieser schillernde Begriff pauschal, dass es sich um „nicht notwendige“ Ausgaben handelt, obwohl beispielsweise unstrittig sein dürfte, dass die Steuerberatung (welche oft mit unter diesen Begriff subsumiert wird) bei jeder Immobilieninvestition, ob nun bei einem Fonds oder bei einem Direktinvestment, unumgänglich ist und üblicherweise nun einmal nicht kostenlos erfolgen kann.

---

[27] Werner Rohmert, Großes Fonds Einmaleins, in: IMMOBILIEN 10/1998, S. 36.

Schwer zu beurteilen ist für den Anleger auch, ob die Kosten für die Instandhaltung und Verwaltung der Immobilie oder auch für Revitalisierungsmaßnahmen realistisch eingeschätzt sind, wie werthaltig eventuell gegebene Mietgarantien sind und ob bei der steuerlichen Konzeption keine gravierenden Fehler gemacht wurden.[28]

Ein weiteres Argument, welches oft gegen geschlossene Fonds ins Feld geführt wird, ist die mangelnde Fungibilität. Wer eine Eigentumswohnung oder ein Haus erwirbt, kann im Prinzip jederzeit wieder verkaufen. Ist das Objekt abbezahlt, kann man es beleihen, was gerade für Selbstständige und Freiberufler wichtig sein kann.

Es gibt Bestrebungen, auch für geschlossene Immobilienfonds einen Zweitmarkt zu etablieren.[29] Zur Zeit ist es in der Regel aber schwieriger, einen Fondsanteil wieder zu verkaufen als eine Wohnung. Manche Fonds haben Rückkaufsoptionen und Andienungsrechte gegeben, die aber unter Umständen steuerlich problematisch sein können (Gefahr der so genannten Liebhaberei). Sie sollten sich auf jeden Fall bei dem Fondsinitiator erkundigen, ob und unter welchen Bedingungen Sie Ihre Gesellschaftsanteile wieder verkaufen können. Manche Initiatoren organisieren einen so genannten Zweitmarkt in ihren Häusern, denn der Erwerb von Zweitmarktstücken ist – bei gut laufenden Fonds – für Rendite-orientierte Anleger wegen der bereits höheren Ausschüttung als zum Zeitpunkt der Emission interessant.

Allerdings: Wer einen Fondsanteil verkauft, für den gilt das Gleiche, was ich bereits im letzten Kapitel unterstrichen habe: Wegen möglicher negativer steuerlicher Folgen sollten Sie sich vor einem solchen Schritt von einem auf diesem Gebiet ausgewiesenen Steuerberater (idealerweise einem Experten für Immobiliensteuerrecht) schriftlich eine Auskunft über die möglichen steuerlichen Konsequenzen (z. B. Liebhaberei, Spekulationsfrist, gewerblicher Grundstückshandel) erstellen lassen.

---

[28] Wie schwierig eine Beurteilung ist, zeigt die „Prüfliste zur Beurteilung geschlossener Immobilienfonds“, in: Thomas Bogatz, Hans Nickel, Roland Schubert, Steuerstrategien für Kapitalanleger. Steuern sparen mit Wertpapieren, Beteiligungen, Vermögensübertragungen, Freiburg u. a. 1997, S.152–156.

[29] Zu dieser Thematik vgl.: Werner Nann, Geschlossene Immobilienfonds und Zweitmarkt, in: ders. (Hrsg.), Immobilien. Beiträge aus Wissenschaft und Praxis. Aktuelle Fragen aus Steuern, Recht und Betriebswirtschaft, Bad Dürrheim 1998, S. 78–98.

„Hamburger Modell“

Auch wenn also die Beurteilung eines geschlossenen Fonds im Regelfall schwieriger ist als das Urteil über den Erwerb einer Eigentumswohnung, dann muss dies nicht in jedem Fall so sein. Beispielsweise wurden in den letzten Jahren Fonds nach dem so genannten „Hamburger Modell“ aufgelegt. Wer einen Anteil an einem solchen Fonds erwirbt, ist möglicherweise besser beraten als derjenige, der direkt eine Eigentumswohnung kauft.

Diese Fonds funktionierten so: Ein von einer Personengesellschaft erworbenes Grundstück wird von ihr bebaut oder eine bestehende Wohnanlage wird modernisiert. Die spätere Aufteilung des Gebäudes in Eigentumswohnungen wird schon im Gesellschaftsvertrag festgelegt. Wenn die Gesellschaft sich auflöst, bekommt der Zeichner statt einer bestimmten Geldsumme eine ganz konkrete Wohnung, auf die er schon beim Erwerb des Fondsanteils optiert.

Wer die Wohnanlage vorher besichtigt und dabei jene Kriterien berücksichtigt, die im zweiten Kapitel aufgeführt wurden, kann durchaus eine begründete Entscheidung über Sinn oder Unsinn der Investition fällen. Es ist auch einfacher als bei Gewerbeimmobilien, aus dem Fonds den Quadratmeterpreis für eine Eigentumswohnung zu errechnen und diesen dann mit den Marktpreisen zu vergleichen. Dabei kann der Preis sogar ein wenig höher sein, denn in der Regel fallen bei dem Erwerb einer Wohnung über einen „Hamburger Modell“-Fonds nicht die Erwerbsnebenkosten wie Grunderwerbsteuer oder Notarkosten an, die sonst etwa 5 % des Kaufpreises ausmachen.

Wer wegen der besseren Renditen keine Wohn-, sondern Gewerbeimmobilien erwerben möchte, dem steht, ebenso wie demjenigen, der Immobilien als Kapitalanlage im Ausland kaufen möchte, meist nur der Weg über den Fonds offen, da der direkte Erwerb für die meisten Anleger nicht in Frage kommt. Bei allen Unwägbarkeiten kann man dem Anleger auf jeden Fall folgende Tipps mit auf den Weg geben:

Fällen Sie auch bei einem Fonds die Entscheidung nicht kurzfristig. Die Prospekte und die Argumente der Verkäufer klingen alle gleichermaßen überzeugend. Es gibt Fondsanbieter, die zum Teil schon über Jahrzehnte am Markt sind und die qualitativ gute oder sogar ausgezeichnete Produkte geliefert haben.
Immobilienanleger sollten viel stärker, als sie dies heute tun, regelmäßig die Presse und die Fachpresse verfolgen – das schützt zwar nicht unbedingt vor Fehlentscheidungen, reduziert jedoch die Fehlerquote. Wer regelmäßig die Kritiken von Fondsexperten verfolgt, erhält für seine Entscheidung wahrscheinlich sogar eine fundiertere Grundlage als derjenige, der regelmäßig Artikel über Aktien und Aktienfonds studiert.
Im Grunde müsste jeder Fondszeichner mindestens das tun, was auch der Erwerber einer Wohnung oder eines Hauses tun sollte: Ohne die Immobilie zu besichtigen und sich eingehend mit dem Prospekt sowie den Kritiken von Fondsexperten auseinanderzusetzen, sollte man niemals einen Fondsanteil zeichnen.

Gleichwohl muss man fairerweise einräumen, dass auch die sorgfältigste „Prüfung" nicht vor Enttäuschungen schützt. Anleger, die sich in den letzten Jahren an geschlossenen Immobilienfonds in den neuen Bundesländern beteiligt haben, wurden nicht selten enttäuscht, weil die Objekte, an denen sie sich beteiligten, leer standen bzw. nur Mieten erzielen konnten, die weit unterhalb der ursprünglich im Prospekt prognostizierten Werte lagen. Dabei war dies keineswegs, wie manchmal oberflächlich verallgemeinernd in den Medien dargestellt, unbedingt die „Schuld" des Initiators, sondern vielfach lediglich ein Ergebnis der von fast allen Marktbeteiligten unrealistisch eingeschätzten Mieten.

In der Wiedervereinigungseuphorie wurden Mieten für Büro- und Ladenflächen angesetzt, von denen sich nach wenigen Jahren herausstellte, dass sie völlig unrealistisch waren. Dies hat grundsätzlich – anders, als es in der Presse manchmal erscheinen mag – zunächst einmal gar nichts mit Betrug zu tun, sondern mit den Marktzyklen und der Fehleinschätzung, die viele Fondsinitiatoren auch mit den Banken teilten. Auch so genannte „Mietgarantien" nützten da gar nichts, wenn die tatsächlich erzielten Mieten weit unterhalb dieser Garantien lagen. Manchmal wurden diese „Garantien" sogar zur Mitursache für den beschleunigten Niedergang von Fonds. Und nicht selten wurden Generalmietverträge mit unrealistisch hohen Mieten kalkuliert, nur um einen zu teuren Einkaufspreis zu vertuschen, weil der Kaufpreisfaktor vorteilhafter erschien.

Grundsätzlich bleibt abzuwarten, wie sich die Landschaft der geschlossenen Immobilienfonds in Deutschland entwickeln wird. Unabhängig davon, wie der § 2b EStG letztlich ausgelegt werden wird, ist die Zeit der geschlossenen Fonds mit extrem hohen Verlustzuweisungen, wie sie in den neunziger Jahren aufgelegt wurden, wohl vorbei. Denn die Basis dieser Verlustzuweisungen war meistens die Sonderabschreibung-Ost, die es nicht mehr gibt.

Die Fondslandschaft wird sich entscheidend verändern. Dabei stehen sich mehrere Modelle gegenüber, einmal die geschlossenen Immobilienfonds, die eine Vielzahl von Immobilien enthalten, um dadurch eine Risikostreuung für den Anleger zu erreichen. Typisch sind dafür etwa die von dem Marktführer IBV (Tochter der Bankgesellschaft Berlin) aufgelegten Fonds, für die vor allem das Prinzip der Risikostreuung und -minimierung maßgeblich ist. Auf der anderen Seite gibt es jene geschlossenen Immobilienfonds, bei denen ein ganz konkretes Investment im Mittelpunkt steht, wie etwa bei dem Heiligendamm-Fonds des Fondsinitiators Fundus oder bei dem Metropolis-Fonds des Initiators SAB. Bei solchen Fonds, bei denen im Übrigen die Verlustzuweisung eine ganz untergeordnete Rolle spielt, ist das Risiko höher, aber meistens auch die Chancen. Der Anleger kann sich mit einer spezifischen Investment-Idee identifizieren und partizipiert an den Chancen und Risiken dieses Investments.

Sehr stark von den steuerlichen Rahmenbedingungen wird es abhängig sein, ob es in Zukunft noch möglich sein wird, geschlossene Fonds mit Wohnimmobilien aufzulegen. Diese weisen in der Regel deutlich geringere „Vor-Steuer-Renditen" auf als Gewerbeimmobilien. Ohne steuerliche Effekte (beispielsweise durch Denkmalschutz-AfA, Nießbrauchmodelle oder Ähnliches) ist es schwer, wettbewerbsfähige Renditen in diesem Bereich zu erzielen.

Bei Ihrer Entscheidung für einen geschlossenen Immobilienfonds müssen Sie ein Urteil darüber fällen, wie Sie die Rahmendaten der Immobilie bewerten. Bedenken Sie, dass allein hohe Anfangsausschüttungen (7 und mehr Prozent) nicht unbedingt ein Argument für einen Fonds darstellen müssen. Manchmal haben Objekte in hervorragenden 1a-Lagen zwar geringere Anfangsausschüttungen, dafür jedoch hohe Wertsteigerungspotenziale.

Wenn Sie sich an Fonds mit Hotel- oder Seniorenimmobilien beteiligen, sollten Sie daran denken, dass es sich nicht um ein reines Immobilienengagement handelt, sondern vielmehr um eine umfassende unternehmerische Beteiligung, mit allen Chancen und Risiken, die nicht nur etwas mit der Immobilie, sondern vor allem auch mit dem Betreiber zu tun haben.

Noch schwieriger als die Prüfung von Immobilien in Deutschland ist für den durchschnittlichen Anleger naturgemäß eine Beurteilung von Auslandsimmobilien. Auf der anderen Seite sprechen sowohl steuerliche Argumente (Nutzung der Freibeträge und der niedrigen Steuersätze im Ausland) als auch Argumente der Währungsdiversifikation (z. B. mit US-Immobilienfonds) und der Risikostreuung dafür, geschlossene Auslands-Immobilienfonds mit in ein Portfolio aufzunehmen.

9 Die Immobilienaktie

Immobilienaktien sind in Deutschland eine noch weitgehend unbekannte Form des indirekten Investments in Immobilien. In den Vereinigten Staaten, Großbritannien und anderen Ländern ist das anders. So haben sich etwa in den USA die Real Estate Investment Trusts (kurz REITs) seit Anfang der 90er Jahre explosionsartig entwickelt und zunächst eine atemberaubende Entwicklung gezeigt, bis dann Ende der neunziger Jahre eine deutliche Kurskorrktur erfolgte.

Hinter den US-REITs stehen börsennotierte Aktiengesellschaften, die große Immobilienportfolios verwalten. Auch wenn oft behauptet wird, nur in Deutschland spielten steuerliche Gegebenheiten im Bereich der Immobilieninvestitionen eine wichtige Rolle, dann zeigt die Erfolgsgeschichte der REITs, dass dies so nicht stimmt. Denn auch ihr Boom begann mit einer Steueränderung im Jahr 1989, und zwar mit der Befreiung von der US-Körperschaftsteuer, die allerdings an bestimmte Voraussetzungen geknüpft ist.

In Deutschland sind ähnliche steuerliche Privilegien für Immobilien-Aktiengesellschaften nicht zu erwarten, und trotzdem wird in den letzten Jahren in der Immobilienbranche immer stärker über das Thema Immobilienaktien diskutiert. Ein Grund dafür ist die veränderte Einstellung der Deutschen zur Aktie, ein zweiter Grund die Annahme, dass steuerliche Argumente auch in Deutschland nicht mehr die allein dominierende Rolle spielen werden, die hierzulande den Boom der geschlossenen Immobilienfonds ermöglichten.

In Deutschland gibt es zur Zeit etwa 50 Immobilien-Aktiengesellschaften, die in dem vom Stuttgarter Bankhaus Ellwanger & Geiger entwickelten „Deutschen Immobilienaktienindex“ (Dimax) zusammengefasst sind. Bei vielen dieser Immo-AGs handelt es sich um Restvermögen von Unternehmen, das nach der Einstellung einer industriellen Tätigkeit übrig geblieben ist, oder um Abspaltungen von einem fortbestehenden Unternehmen.

Indizes im Vergleich: Dimax versus Dax

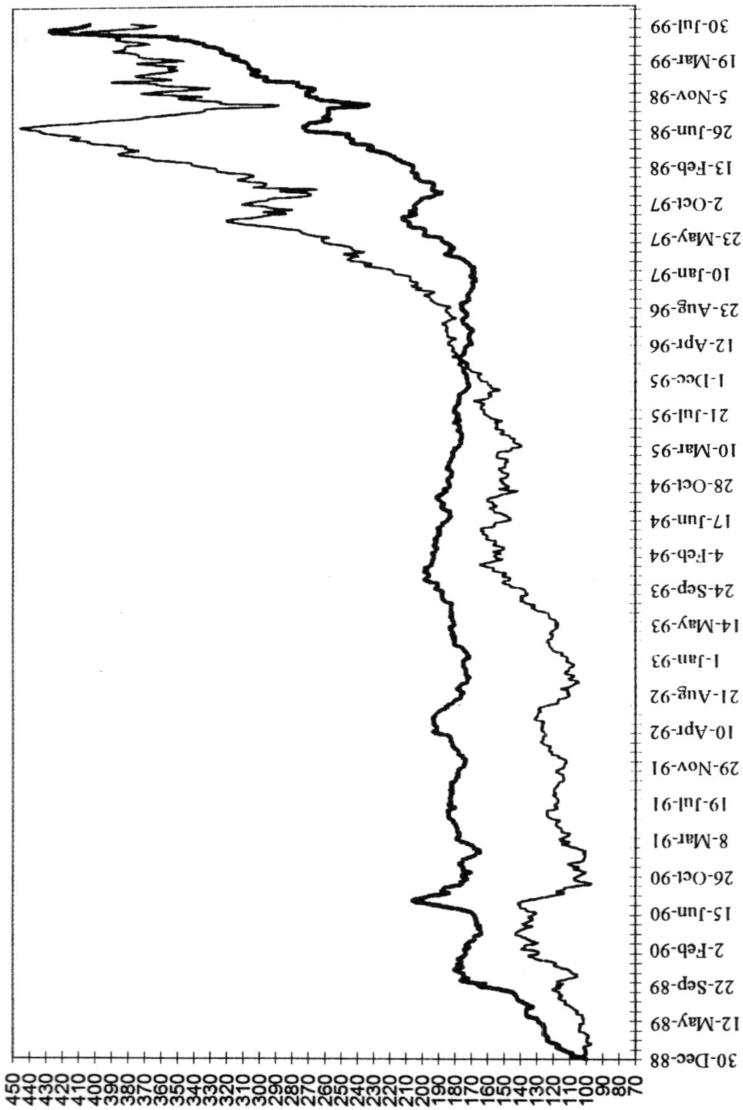

Dicke Linie:	Immobilienaktien-Index E & G-Dimax		
Dünne Linie:	Dax		
Entwicklung bis 13.8.1999	E & G-Dimax	+45,64 %	(276.71)
	Dax	+4,24 %	(5006.67)

Titelüberblick "E & G - Dimax"

Titel	Reuters RIC	GK in Mio.	Kurs 30.12.98	Kassakurs aktuell	Kassakurs Vortag	Hoch/Tief 99	% Index
		DM	Euro	Euro	Euro	Euro	
A.A.A. AG Allg. Anlagenverwaltung vormals Seilwolff AG von 1890	SWOG.F	95.90	7.16	0	7.7	8.00/4.85	0.10%
Adlerwerke vorm. Heinrich Kleyer AG	ADLG.F	20.00	90.50	0	160	120.00/91.50	0.43%
AGROB AG	AGRG.MU	19.50	219.86	0	340	276.00/185.00	0.46%
AMIRA Verwaltungs AG	AMIG.MU	4.00	444.82	0	605	440.00/370.00	0.34%
ANTERRA Vermögensverwaltungs-AG	ACKG.SG	28.00	61.36	0	77	72.00/52.00	0.30%
Bastfaserkontor AG	BFKG.BE	0.50	1457.18	0	1200	1400.00/1300.00	0.07%
Bau-Verein zu Hamburg AG	BVHG.H	34.78	13.29	0	14.6	13.00/10.20	0.74%
Berliner AG f. Industriebeteiligungen	BFIG.BE	1.60	1053.26	0	900	1300.00/880.00	0.09%
Concordia Bau und Boden AG	COBG.F	180.00	6.14	0	5.45	7.90/5.80	1.23%
Deinböck AG	DVEG.SG	24.60	13.80	0	32	20.70/12.60	0.11%
Dt. Beamtenvorsorge AG f. Untern.beteilig.	DVUG.MU	75.90	50.52	9	9	10.10/8.60	0.49%
DIBAG Industriebau AG	GSPG.F	60.00	367.62	0	500	560.00/367.00	2.17%
Dolerit-Basalt AG	DOLG.D	12.00	4.65	0	5.05	6.00/4.30	0.09%
Edelstahlwerk Witten AG	WITG.F	41.40	368.13	0	350	410.00/300.00	1.06%
GAG Gemeinnütz. AG f. Wohnungsbau Köln	GWKG_p.D	9.00	1712.83	0	1560	1715./1540.00	0.98%
GB/AG	GBAG.SG	7.50	9.61	14.1	14.1	13.05/8.20	0.19%
GBH Grundstücks- und Baugesellschaft AG	GBHG.SG	25	27.1	42.2	42.2	37.00/25.50	1.54%
GBWAG Bayerische Wohnungs-AG	GWBGa.MU	65.00	25.56	0	29	36.00/25.00	1.32%
GERMANIA-EPE AG	BSGG.D	10.00	107.37	0	13.4	11.49/10.00	0.19%
GIVAG	GIVG.SG	23,75	5.42	0	7.51	8.00/5.65	0.26%
Bayerische Immobilien AG	PSCG.MU	39.98	163.10	0	150	165.00/131.00	8.47%
Hamborner AG	HABG.F	37.95	194.29	0	24.1	218.00/185.70	1.28%
Harpen AG	HAPG.F	127.60	184.12	0	200	215.00/184.00	4.58%

Titel	Reuters RIC	GK in Mio.	Kurs 30.12.98	Kassakurs aktuell	Kassakurs Vortag	Hoch/Tief 98/99	% Index
Hasen-Bräu AG	ABHG.MU	2.40	460.16	**0**	**380**	571.00/400.00	0.13%
Haus & Heim Wohnungsbau-AG	HUHG.BE	0.38	1585.00	0	1300	1600.00/1400.00	0.05%
HBAG Real Estate	HREG.H	19.20	11.76	**0**	**47**	29.00/11.50	0.33%
Hesser AG	HESG.SG	10.00	230.08	0	640	235.00/204.00	0.47%
Horten AG	HORG.F	250.00	120.66	0	11.5	125.00/120.00	4.18%
IVG Holding AG	IVGG.F	155.00	42.41	0	18.05	49.00/41.50	11.68%
Jacobsen AG,W.	JACG.H	3.60	1252.67	0	1180	1360.00/1150.00	0.30%
Maschinenfabrik Esslingen AG	ESSG.SG	42,5	536.86	0	420	540.00/450.50	2.53%
MG Vermögensverwaltung-AG	VDMG.F	91,0	56.24	0	57	53.70/49.00	0.75%
Monachia Grundstücks-AG	MOA.F	7.30	2249.98	0	2900	2600.00/2250.00	3.03%
NORDAG Immobilien AG	DOOG_p.HA	21.00	13.80	0	12	14.80/14.00	0.39%
Nymphenburg Immobilien-AG	LBNG.MU	28.10	755.00	0	445	525.00/435.00	1.79%
OAB Osnabrücker Anlagen- und Beteilig.-AG	OABG.HA	2.50	240.31	0	182	240.00/185.00	0.03%
Rathgeber AG	WJRG.MU	6.30	358.42	0	425	356.00/350.00	0.19%
Ravensberger Bau-Beteiligungen AG	RAVG.D	50,0	1.46	0	2.1	2.35/0.85	0.16%
RSE Grundbesitz und Beteiligungs-AG	RINGb.H	45.00	31.96	0	99.7	87.00/32.50	6.64%
Schlossgartenbau AG	SGBG.SG	10.50	360.97	0	452	370.00/325.00	0.68%
Sinner AG	SING.F	8.70	185.60	0	13.8	182.90/130.00	0.17%
STEUCON Grundbesitz- und Beteil.-AG	NOWG.H	25.00	19.43	0	12.5	18.50/11.50	0.04%
Stodiek Europa Immobilien AG	SDKG.D	4.05	9919.06	0	138.02	156.88/131.71	0.33%
Stolberger Zink AG	SZIG.D	8,75	15.59	0	6.5	13.00/11.00	0.11%
Tempelhofer Feld AG f. Grundstücksverwert.	TEMG.BE	2.50	1585.00	0	1880	1606.00/1590.00	0.33%
Terrain Ges. am Teltow-Canal R.-J. AG	TERG.BE	0,96	3461.45	0	5450	5700.00/3680.00	0.12%
WCM Beteiligungs- und Grundbesitz AG	WCAGe.F	318,24	37.84	0	34.65	21.95/17.20	37.90%
WKM Terrain- und Beteiligungs-AG	WKMG.D	23.24	10.20	0	6.5	8.90/6.80	0.22%
Wohnbau Schwarzwald AG	WBAG.SG	7.50	18.41	**0**	**25**	27.00/19.00	0.03%
Zucker & Co.	ZUKG.MU	0.87	35.79	0	54	46.99/25.70	0.07%
ZWL	ZILG.SG	24.00	28.63	0	24.3	33.00/23.70	0.86%
Stand:				8/19/99		13.05.99	18.08.99

Unterschiede zu den Offenen Fonds

Vergleicht man die Immobilien-AGs mit den offenen Fonds (vgl. S. 104), so bestehen einige charakteristische Unterschiede[30]: Anders als offene Immobilienfonds können Immobilien-Aktiengesellschaften bis zu 100 % in Immobilien investieren. Denn wegen der Rücknahmegarantie müssen offene Immobilienfonds stets Reserven vorhalten, sodass ein teilweise beträchtlicher Teil des Vermögens nicht in Immobilien, sondern in Rentenwerten angelegt ist.

Im Hinblick auf die Fungibilität ähneln sich offene Immobilienfonds und Immobilienaktien auf den ersten Blick. Anders als bei einem geschlossenen Immobilienfonds oder bei einem Direktinvestment kann der Anleger – zumindest theoretisch – täglich verkaufen. In der Praxis gilt dies jedoch für viele deutsche Immobilienaktien noch nicht, da der Markt für sie zu eng ist. Bei diesen Immobilien-Aktiengesellschaften befindet sich ein zu kleiner Teil der Aktien im Streubesitz, also in der Hand freier Aktionäre. Ausnahmen sind lediglich die „großen" deutschen Immo-AGs, wie vor allem die WCM und die IVG.

Ein Unterschied zwischen Immobilien-Aktiengesellschaften und offenen Immobilienfonds ist auch das generelle Chancen-Risiken-Profil. Die offenen Fonds unterliegen, wie bereits beschrieben, engen gesetzlichen Restriktionen für ihre Aktivitäten. Das macht sie auf der einen Seite zu einem sicheren Investment, beschränkt jedoch auch ihre Fähigkeit zu einem aktiven Immobilienmanagement. Eine Immobilien-Aktiengesellschaft kann sich beispielsweise im Bereich der Projektentwicklung für Dritte betätigen, offene Immobilienfonds dürfen das nur sehr begrenzt.

Während sich der Anleger bei einem offenen Immobilienfonds darauf verlassen kann, dass bestimmte Risiken schon aufgrund der gesetzlichen Vorgaben begrenzt sind, muss er bei den Immobilien-Aktiengesellschaf-

[30] Vgl. zum Folgenden auch: Fried Scharpenack, Ulrich Nack, Christoph Haub, Immobilien-Aktiengesellschaften, in: Karl-Werner Schulte u. a., Handbuch Immobilien Investition, Köln 1998, S. 655–687; Norbert Paulsen, Die Deutsche Immobilien-Aktie 1997/98, Stuttgart 1998; Dirk Meyer-Scharenberg, Die Immobilien-Aktie. Steuerliche und wirtschaftliche Vorteile einer neuen Form der Immobilienanlage in Deutschland, Sonderdruck der Deutsche Beamten Vorsorge Aktiengesellschaft für Unternehmensbeteiligungen, München 1996.

ten zunächst einmal einige wichtige Unterscheidungen treffen, um das Chancen/Risiken-Profil richtig einzuschätzen.

Eine Immobilien-Aktiengesellschaft wie die Deutsche Beamten Vorsorge AG verzichtet beispielsweise bewusst darauf, eigene unternehmerische Aktivitäten zu entwickeln, und vermeidet jegliche Projektentwicklungs- oder Baurisiken bei ihren Immobilieninvestitionen. Hier handelt es sich also um einen „Bestandshalter", bei dem der Hauptunternehmenszweck im Erwerb, der Vermietung und Verwaltung von Immobiliensubstanz besteht. Diese Aktivitäten weisen, anders als das Geschäftsfeld der Projektentwicklung, in der Regel keine erheblichen Risiken auf. Daher sollte es bei einem reinen „Bestandshalter" auch nicht die Kursausschläge geben, die etwa bei einer Immobilien-Aktiengesellschaft zu verzeichnen sind, zu deren Kerngeschäft auch die Projektentwicklung gehört. Solche Aktiengesellschaften kaufen (unbebaute) Grundstücke, um diese nach einem Um- und Neubau alsbald wieder zu verkaufen. Die Gewinnmargen sind wesentlich höher als bei einem Bestandshalter, die Risiken selbstverständlich auch.

Für steuerorientierte Anleger ist die Immobilienaktie nicht die richtige Anlageform, da die Immobilien-Aktiengesellschaft als Kapitalgesellschaft, steuerlich betrachtet, „nicht transparent" ist und demgemäß beispielsweise keine Verlustzuweisungen für Anleger möglich sind.

Ein Nachteil ist auch, dass Gewinne aus der Veräußerung von Immobilien, die eine Aktiengesellschaft erzielt, grundsätzlich steuerpflichtig sind. Hier gibt es allerdings einen Ausweg, der von zahlreichen Immobilien-Aktiengesellschaften genutzt wird und der so lange gangbar ist, wie der – allerdings auch immer wieder diskutierte – § 6b EStG gilt. Denn dieser Paragraf ermöglicht es, dass für Immobilien dann, wenn sie frühestens nach einer Haltedauer von sechs Jahren verkauft werden, Ersatzobjekte angeschafft werden können. Die Ausnutzung dieser Möglichkeit stellt praktisch eine Steuerstundung über die Abschreibungsdauer des Ersatzwirtschaftsgutes dar. Damit können Steuerbelastungen bis in die ferne Zukunft verlagert werden.

Ein weiteres steuerliches Problem ist, dass Immobilien-Aktiengesellschaften aufgrund ihrer Rechtsform gewerbesteuerpflichtig sind. Reine bestandshaltende Immobilien-Aktiengesellschaften, die ausschließlich eigenen Grundbesitz verwalten, profitieren aber von der steuerlichen Möglichkeit der so genannten „erweiterten Kürzung“ (§ 9 Nr. 1 GewStG), sodass im Ergebnis Gewerbesteuern auf Immobilienerträge nicht anfallen. Diese Möglichkeit der „erweiterten Kürzung“ entfällt jedoch dann, wenn zu der Verwaltung eigenen Grundbesitzes und der Verwaltung von Kapitalvermögen (die unschädlich ist) andere gewerbliche Tätigkeiten hinzukommen, insbesondere gewerbliche Dienstleistungen im Zusammenhang mit dem Grundbesitz, gewerblicher Grundstückshandel, Beteiligungen an Mitunternehmerschaften usw.

Ob Immobilien-Aktiengesellschaften in Deutschland eine ähnlich wichtige Rolle spielen werden wie etwa in den angelsächsischen Ländern, ist umstritten. Eine Voraussetzung dafür wäre eine aktivere und offenere Informationspolitik durch die Immo-AGs, deren Bewertung und Einschätzung oft schwerfällt, weil die notwendigen Informationen über die Immobilien, in welche die AG investiert, nicht oder nur unzulänglich vorliegen.

Bislang fehlte es auch an einheitlichen Bewertungskriterien, und es fehlt auch an kompetenten Analysten in Deutschland, die über genügend Know-how verfügen, um Immobilien-Aktiengesellschaften angemessen beurteilen zu können. Nur wenige Analysten, so vor allem das Stuttgarter Bankhaus Ellwanger & Geiger, haben sich frühzeitig des Themas „Immobilien-Aktien“ angenommen.

Andererseits müsste gerade das deutsche Publikum für die Immobilien-AG zu interessieren sein, da hierzulande traditionell sicherheitsorientierte Anlagen bevorzugt werden. Die Immobilienaktie ist für denjenigen Anleger interessant, der die Sicherheit einer Immobilie mit den Chancen der Aktie vereinbaren möchte. Denn insbesondere dann, wenn der Grad der Fremdfinanzierung der Investitionen im Rahmen bleibt, ist die Gefahr eines Totalverlustes bei der Investition in eine Immobilienaktie natürlich geringer als bei spekulativen Titeln, hinter denen vielleicht eine „geniale Idee“ steht, aber keine wirklich werthaltige Substanz.

Manche Immobilien-Aktiengesellschaften wie etwa die RSE, die IVG oder die WCM haben in den letzten Jahren eine erstaunliche Perfor-

IVG HOLDING AG AKTIEN O.N. ... an Frankfurt
Euro
20
18
16
14
12
10
8
Okt.
97
April
Juli
Okt.
98
April
Juli
Okt.
99
April
Juli
15.09.99 Open: 17.65 High: 17.65 Low: 17.05 Close: 17.75
Kurs
38 Tage Durchschnitt
Quelle: Teledata Börsen-Informations-GmbH

RSE GRUNDBESITZ U. BET. AG AKTIEN O... an Frankfurt
Euro
130
110
90
70
50
30
Okt.
98
April
Juli
Okt.
99
April
Juli
16.09.99 Open: 106.00 High: 10600 Low: 105.50 Close: 104.00
Kurs
38 Tage Durchschnitt

mance gezeigt (siehe Charts). Allerdings ist zu berücksichtigen, dass Unternehmen wie WCM keineswegs „reine" Immobilienaktiengesellschaften sind, sondern der Wertzuwachs oft gerade auch aus anderen unternehmerischen Beteiligungen resultiert.

In der Regel sollte eine Immobilienaktie eine geringere Volatilität aufweisen als andere Werte. Zwar zeigt die Erfahrung aus anderen Ländern, dass sich Immobilienaktien mehr nach dem allgemeinen Börsentrend orientieren als nach der Wertentwicklung der dahinterstehenden Immobilien (weshalb übrigens aus Gründen der Portfolio-Diversifizierung Immobilienaktien nicht direkte Immobilieninvestments ersetzen können). Andererseits zeigt beispielsweise die Entwicklung des europäischen Immobilienaktienindex (Epix), dass dieser im Vergleich zum Euro-Stoxx 50, in dem die wichtigsten europäischen „Blue chips" zusammengefasst sind, weniger Schwankungen aufweist.

Vergleicht man den Deutschen Immobilienaktienindex (Dimax) mit dem DAX und den Europäischen Immobilienaktienindex (Epix) mit dem Euro-Stoxx 50, dann fällt jedoch auf, dass die Performance der Im-

Indizes im Vergleich: Epix versus Stoxx 50, indexiert zum 30.12.1991

Quelle: Research Bankhaus Ellwanger & Geiger, Stand: 13. August 1999

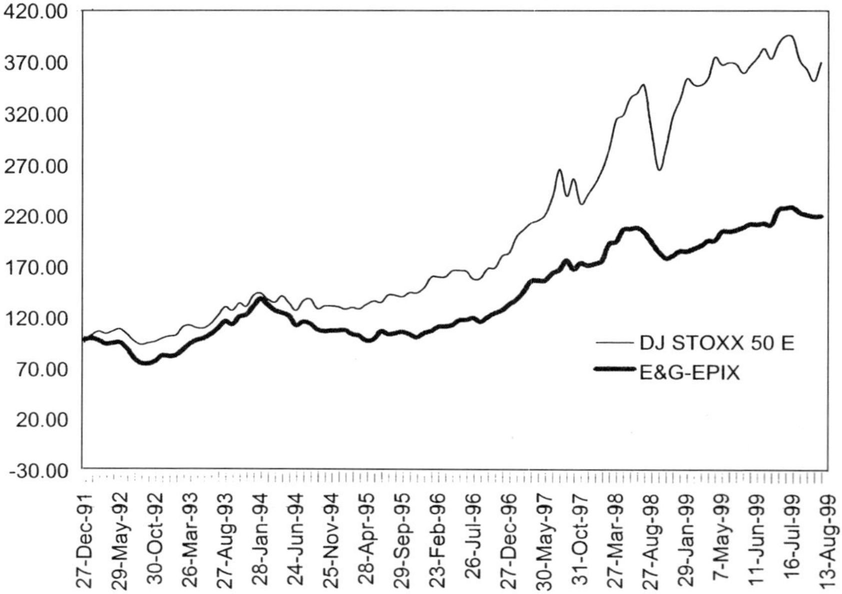

mobilienaktien in den letzten Jahren meist schlechter war als die der Blue Chips. Erst im Jahr 1999 konnte der Dimax „anspringen“ und entwickelte sich wesentlich besser als der DAX.

Manchmal wird eingewandt, warum man denn Immobilienaktien kaufen solle, wenn doch beispielsweise am „Neuen Markt“ viel größere Chancen gegeben seien. Dieser Vergleich erscheint mir wenig sinnvoll. Die Zielgruppe für Immobilien-Aktienanleger ist mit Sicherheit eine ganz andere als etwa für die Werte des „Neuen Marktes“ in Deutschland oder des Nasdaq in den USA. Wer mit Aktien spekulieren will und höchste Gewinne in kurzer Zeit realisieren möchte (dabei auch erhebliche Verluste einkalkuliert), für den sind Immobilienaktien nicht die richtige Anlageform.

Während in Deutschland der Markt für Immobilienaktien noch ein Schattendasein führt, eignet sich die Investition in ausländische Immobilienaktien für denjenigen, der sich an ausländischen Immobilien-

Titelüberblick Europäischer Immobilienaktienindex EPIX

Stand: 8/19/99

Gesellschaft	RIC	akt. Kurs	Clos.-Kurs	Ber.-Kurs	curr
			8/19/99		
Avantor	AVA.OL	53.00	52.00	53.00	NOK
British Land	BLND.L	5.30	5.25	5.30	GBP
CA Immobilien	CAIV.VI	0.00	15.60	15.00	€
Castellum	CAST.ST	77.50	78.00	77.50	SEK
Cofinimmo	COFIt.BR	104.50	103.40	104.50	€
CSC	CSC.L	4.22	4.25	4.22	GBP
Die Erste	DIIV.VI	151.80	151.80	151.80	€
Diligentia	DILI.ST	65.00	64.50	65.00	SEK
Drott	DROTb.ST	75.00	75.00	75.00	SEK
Ejendom Norden	ESNC.CO	280.00	280.00	280.00	DKK
Foncière Lyon.	FLYP.PA	129.00	130.00	129.00	€
GFC	GFCP.PA	110.20	112.50	110.20	€
Green Property	GPR.I	5.90	5.90	5.90	€
Hamborner	HABG.F	23.00	24.00	23.00	€
Harpen	HAPG.F	200.50	200.50	200.50	€
Horten	HORG.F	11.65	11.65	11.65	€
Hufvudstaten	HUFVa.ST	24.30	24.10	24.30	SEK
Intershop	ISHZ.S	555.00	563.00	555.00	€
IPI	AIMI.MI	3.75	3.73	3.75	€
IVG	IVGG.F	17.75	17.15	17.75	€
Land Securities	LAND.L	8.43	8.52	8.43	GBP
Linstow	LSW.OL	51.00	50.75	51.00	NOK
MEPC	MEPC.L	5.16	5.28	5.16	GBP
Metanopoli	IMMP.MI	1.28	1.29	1.28	€
Metrovacesa	MVC.MC	20.70	21.09	20.70	€
Mundicenter	MDCP.IN	7.66	7.58	7.66	€
Olav Thon	OLT.OL	200.00	205.00	200.00	NOK
Rodamco	RDMC.AS	0.00	23.15	23.15	€
SEFIMEG	SEFF.PA	67.00	67.25	67.00	€
SIMCO	SIMP.PA	86.00	86.00	86.00	€
Slough Estates	SLOU.L	3.50	3.50	3.50	GBP
Sonae Immob.	SONI.IN	12.85	12.44	12.85	€
Tornet	TORN.ST	110.00	110.00	110.00	SEK
Unibail	UNBP.PA	125.90	125.90	125.90	€
Vallehermoso	VAL.MC	8.86	8.95	8.86	€
VIB	VIB.AS	27.00	27.40	27.00	€
Warteck	WARZnb.S	0.00	1,000.00	1,000.00	CHF
WCM	WCAGe.F	34.60	33.60	34.60	€
Wereldhave	WEHA.AS	48.20	48.00	48.20	€

Quelle: Ellwanger & Geiger

märkten (indirekt) beteiligen möchte. Insofern sind sie auch eine Alternative zu den geschlossenen Auslandsimmobilienfonds und haben diesen gegenüber – wie generell gegenüber den geschlossenen Fonds – den Vorteil der höheren Fungibilität. Wer nicht direkt in REITs oder andere ausländische Immobilienaktien investieren möchte, kann auch Anteile an einem der in Deutschland gehandelten Aktienfonds (etwa einem REITs-Fonds) erwerben.

Ich persönlich sehe in der hohen Fungibilität einer Anlage nicht unbedingt einen entscheidenden Vorteil, da die Anleger durch zu häufigen Wechsel dazu verleitet werden, die Rendite zu schmälern. Es wird jedoch immer Anleger geben, die dies anders sehen und sich nicht langfristig binden möchten. Die engste und langfristigste Bindung geht der Anleger mit einem geschlossenen Immobilienfonds ein. Danach kommt der Kauf einer Eigentumswohnung oder eines Hauses. Schon die Transaktionskosten sprechen gegen einen raschen Verkauf, die zahlreichen Steuerfallen (siehe Kapitel 7) ohnehin.

Die geringsten Transaktionskosten hat derjenige Anleger, der in Immobilienaktien investiert. Denn anders als bei den offenen Immobilienfonds, bei denen vor einem Verkauf zunächst einmal mindestens die 5 % Ausgabeaufschlag wieder hereingeholt werden müssen, fallen beim Kauf oder Verkauf einer Immobilienaktie nur die üblichen, deutlich geringeren Transaktionskosten an, die sich beim Kauf über eine Direktbank noch reduzieren lassen.

Insofern eignen sich Immobilienaktien für Anleger, die in Immobilien investieren wollen, ohne sich dabei langfristig zu binden, und die ihre Investitionen häufiger umschichten möchten, ohne mit den Problemen des gewerblichen Grundstückshandels bzw. der zehnjährigen Spekulationsfrist für Immobilien konfrontiert zu werden. Denn wer Immobilienaktien verkauft, der muss nur die seit 1999 auf ein Jahr verdoppelte „Spekulationsfrist“ für Wertpapiere beachten, während Direktanleger der zehnjährigen Frist für private Veräußerungsgeschäfte für Immobilien unterliegen. Und während Sie selbst beim Verkauf der Anteile eines geschlossenen Fonds (allerdings nur dann, wenn Sie mehr als zehn Prozent halten) Probleme mit dem gewerblichen Grundstückshandel bekommen können, dürfen Sie Immobilienaktien kaufen und verkaufen, ohne dass dies zu steuerlichen Konsequenzen wegen „gewerblichen Grundstückshandels“ führt.

Insofern spricht auch die große Differenz der „Spekulationsfrist“ für Aktien und Immobilien sowie die Verschärfung der Rechtsprechung zum gewerblichen Grundstückshandel neben den bereits genannten Argumenten dafür, dass die Immobilienaktien auch in Deutschland in den nächsten Jahren aus ihrem bisherigen Schattendasein heraustreten könnten.

Immobilienaktien bieten den Vorteil, dass Sie sich an der relativ illiquiden Anlageform Immobilie in Form von liquiden Anteilen beteiligen können. Bei der Beurteilung des Chancen/Risiken-Potenzials besteht eine wichtige Unterscheidung darin, ob es sich bei der Immobilien-AG um einen reinen Bestandshalter handelt oder ob auch Projektenwicklung betrieben wird.
Achten Sie beim Kauf einer Immobilienaktie darauf, wie groß der Anteil des Aktienkapitals ist, der sich im Streubesitz befindet, also in der Hand freier Aktionäre. Der Vorteil der Immobilienaktien, nämlich eine – im Vergleich zu geschlossenen Fonds und Direktinvestments – hohe Fungibilität trifft in Deutschland heute nur für eine Hand voll Immobilien-Aktiengesellschaften zu.

10 Ihre Ratgeber beim Immobilienkauf

Ich habe oft beobachtet, dass Fehlentscheidungen beim Immobilienkauf auch damit zusammenhängen, dass der Käufer auf den Rat von ungeeigneten „Ratgebern" hört und keine Vorstellungen davon hat, welche Beratung er braucht, um zu einer Entscheidung zu gelangen. Mit „Fehlentscheidung" meine ich übrigens nicht nur den Kauf einer „falschen" Immobilie, sondern auch das Unterbleiben eines Kaufes.

Für jeden Käufer ist der Kauf einer Wohnung oder eines Hauses eine weitreichende Entscheidung, und ich habe noch von niemandem gehört, der nicht unsicher gewesen wäre, bevor er seine erste Immobilie gekauft hat. Das ist ganz natürlich, da selbst der Kauf einer kleinen Wohnung für die meisten Menschen eine erhebliche Investition darstellt.

Häufig ist es auch das erste Mal, dass man sich „verschuldet", obwohl ich den Begriff „Schulden" für die Aufnahme eines Hypothekendarlehens nicht ganz zutreffend finde. Denn „Schulden" sind Konsumschulden, beispielsweise für den Kauf eines Autos oder von Möbeln. Der Unterschied zwischen solchen Konsumschulden, die Sie niemals machen sollten, und der Finanzierung einer Immobilie ist jedoch, dass die Immobilie zehn Jahre später im Wert gestiegen sein sollte, während das Auto und die Möbel fast nichts mehr wert sind. Gleichwohl handelt es sich um eine erhebliche Summe, die in einem Bereich investiert wird, der den meisten Käufern fremd erscheint. Dabei sind Sie eigentlich „Experte", ohne sich jedoch dessen bewusst zu sein und diesen Expertenstatus zu nutzen. Denn jeder von uns wohnt in einer Wohnung. Jeder von uns weiß, was aus der Sicht des Nutzers eine gute von einer schlechten Immobilie unterscheidet. Als Mieter haben wir alle irgendwann eine Wahl getroffen. Leider „vergessen" Kapitalanleger häufig diese Entscheidungskriterien, wenn sie eine Immobilie erwerben.

Der Rat von „guten Bekannten"

Mein erster Ratschlag ist, dass Sie sich beim Kauf einer Eigentumswohnung oder eines Hauses primär auf Ihr eigenes Urteilsvermögen verlassen sollten, statt zu viel auf Ihr persönliches Umfeld zu hören. Ich habe es oft erlebt, dass Menschen eine gute Immobilie schließlich deshalb nicht gekauft haben, weil sie zu viel auf ihre „guten Bekannten" gehört haben, die ihnen dringend „abgeraten" haben. Diese Bekannten haben sich aber weder die Immobilie angeschaut noch haben sie in der Regel irgendeine fachliche Qualifikation, um ein begründetes Urteil zu fällen. Wenn zu Ihrem Bekanntenkreis Personen gehören, die schon mehrere Immobilien erworben haben und die mit ihren Entscheidungen im Großen und Ganzen zufrieden sind, dann haben Sie in diesen Bekannten ausgezeichnete Ratgeber.

Schlechte Ratgeber sind jedoch diejenigen, die selbst niemals Eigentum erworben haben. Wenn Ihnen von dieser Seite „abgeraten" wird, dann handelt es sich oft um den „Rat" jener Sorte von Menschen, denen es unbewusst eher darum geht, sich selbst dafür zu rechtfertigen, warum sie niemals eine solche Investition gewagt haben. Oft hören Sie von solchen Menschen negative Geschichten über Immobilien bzw. über „andere Bekannte", die schlechte Erfahrungen mit Immobilien gesammelt haben. Wenn Sie selbst unsicher sind – und das ist ganz natürlich vor einer so wichtigen Entscheidung –, werden diese Geschichten Sie zusätzlich verunsichern und schließlich dazu bringen, nicht zu investieren.

Die „guten Bekannten", die Ihnen vom Erwerb einer Immobilie „abraten", haben ihre Kenntnisse meist nur vom Hörensagen oder aus den Medien. Natürlich ist es ganz unbestritten, dass es immer wieder viele Fälle gibt, wo Menschen negative Erfahrungen mit Immobilien machen. Nur liegt das nicht an den Immobilien, sondern daran, dass vor dem Kauf gewisse elementare Dinge nicht bedacht und beachtet werden.

Was die Berichte in den Medien anbelangt, können Sie naturgemäß dort mehr über negative als über positive Aspekte des Immobilienkaufs erfahren. Der zufriedene Immobilienbesitzer, der einen guten Kauf getätigt hat, ist für Zeitungen leider kein Thema. Sehr wohl jedoch der geprellte und betrogene Anleger, der Steuern sparen wollte und nun eine wertlose, unvermietete und hoffnungslos überteuerte Immobilie besitzt. Geschlossene Immobilienfonds, die den Erwartungen der Anleger entsprechen, sind ebenfalls kein Thema für die Medien, sondern nur die notleidenden Fonds, mit denen Anleger Probleme bekommen.

Medien neigen dazu, negative Nachrichten zu selektieren, nach dem Grundsatz „only bad news are good news". Abstürzende Flugzeuge sind interessanter als solche, die gut am Ziel ankommen. Doch obwohl die Medien fast ausschließlich über abstürzende und nicht über ankommende Flugzeuge berichten, wäre dennoch der Schluss verfehlt, man solle lieber nicht fliegen.

Hören Sie nicht auf den Rat von „guten Bekannten", die selbst weder über Wissen noch Erfahrungen zum Thema Immobilienerwerb verfügen, sondern Sie nur mit negativen Geschichten aus zweiter oder dritter Hand verunsichern. Manche solcher „Berater" warten nur darauf, dass sie hinterher, wenn wirklich etwas schief läuft, „Recht behalten" und darauf hinweisen können, sie hätten es ja „gleich gesagt". Mit solchen Menschen sollten Sie über Ihre Überlegung, eine Immobilie zu kaufen, gar nicht sprechen, weil deren Einfluss nur destruktiver Art ist. Ausgezeichnet ist es indes, wenn Sie Bekannte haben, die Ihre Entscheidung, eine Immobilie zu erwerben, grundsätzlich unterstützen und die Ihnen nun helfen wollen, die richtige Wahl zu treffen.

Diese Hilfe von Freunden und Bekannten sollte vor allem darin bestehen, zusammen mit Ihnen die Immobilie zu besichtigen. Ich habe vor jedem Kauf einer Eigentumswohnung eine gute Bekannte mitgenommen, die zwar von Immobilieninvestitionen, Steuervorteilen usw. nichts versteht, die aber einen ausgeprägten gesunden Menschenverstand mitbringt und die oft bei der Besichtigung einer Immobilie Dinge sieht, die ich nicht beachtet oder übersehen hätte.

Der Steuerberater als Ratgeber

Viele Immobilienkäufer halten ihren Steuerberater für den wichtigsten Ratgeber beim Immobilienkauf. Bevor sie eine Immobilie oder einen Anteil an einem Fonds erwerben, legen sie dem Steuerberater das Exposé bzw. den Fondsprospekt vor und wollen dessen Meinung dazu hören. Es passiert wohl häufiger, dass der Steuerberater „abrät", als dass er zurät. Aus der Sicht des Steuerberaters ist dies verständlich. Denn wenn er zu einem Kauf rät, der sich später als falsch herausstellt, wird ihm sein Mandant Vorwürfe machen, und im schlimmsten Fall entsteht sogar ein Haftungsproblem. Da jede wirtschaftliche Investition Risiken mit sich bringt, fühlen sich viele Steuerberater auf der sicheren Seite, wenn sie „abraten". Leider gibt es auch manche Steuerberater, die aus anderen Gründen abraten – und dann aber zu einer alternativen Investition zuraten, weil sie an der Provision des Verkäufers beteiligt werden. Zwar ist dies Steuerberatern nicht erlaubt, kommt aber dennoch immer wieder vor.

Der Steuerberater, dies vergessen viele Menschen, ist in den seltensten Fällen ein Immobilienexperte. Er kann Ihnen gar nicht zu einem Kauf raten oder davon abraten, weil er in der Regel die Immobilie nicht kennt, diese nicht besichtigt hat und auch nicht die Informationen eingeholt hat, die zu einer Entscheidungsfindung notwendig wären.

Was Sie von Ihrem Steuerberater erwarten sollten, ist ein fundiertes Wissen über die Immobilienbesteuerung. Allerdings haben dies auch keineswegs alle Steuerberater, denn die Spezialisierung nimmt ständig zu, und das Steuerrecht wird zunehmend komplexer und komplizierter, sodass kein Steuerberater mehr in allen Fachbereichen gleich gut Bescheid wissen kann. Sollten Sie sich häufiger mit Immobilien befassen, dann rate ich Ihnen zunächst, sich einen Steuerberater zu suchen, der sich auf das Gebiet des Immobiliensteuerrechts spezialisiert hat.

Denn – hier möchte ich nicht falsch verstanden werden – der Steuerberater ist selbstverständlich ein unerlässlicher Ratgeber beim Immobilienkauf, allerdings nur zur Beurteilung der steuerlichen Aspekte. Überfordern Sie den Steuerberater also nicht, indem Sie ihn wegen der Auswahl des richtigen Objektes befragen, sondern fordern Sie ihn dadurch, dass Sie ihn zu den steuerlichen Aspekten befragen.

Ich habe bereits an anderer Stelle gesagt, dass es beispielsweise ein unverzeihlicher Fehler ist, vor dem Verkauf einer Immobilie nicht den Rat eines Steuerberaters einzuholen, der für Sie die steuerlichen Konsequenzen beurteilen soll. Auch vor dem Kauf einer Immobilie sollten Sie zusammen mit Ihrem Steuerberater besprechen, welches Investitionsvolumen für Sie richtig ist, um Ihre Steuerlast auf ein erträgliches Maß zu senken.

Am besten ist es, wenn Sie zu dritt einen gemeinsamen Termin mit dem Verkäufer und Ihrem Steuerberater ausmachen oder zumindest einen direkten telefonischen Kontakt zwischen Ihrem Steuerberater und dem Verkäufer/Anlagevermittler herstellen. Denn der Verkäufer kennt meistens die steuerliche Konzeption zu der von ihm angebotenen Immobilie sehr genau und kann die fachlichen Fragen des Steuerberaters besser beantworten, als Sie dies könnten.

Der Rechtsanwalt als Ratgeber

Auch der Rechtsanwalt wird Ihnen nicht die Entscheidung über die Investition abnehmen, aber er wird dafür Sorge tragen, dass Ihre Rechte beim Abschluss des Kaufvertrages gewahrt werden. Glücklicherweise ist die Vertragsfreiheit bei Bauträgerverträgen weitgehend eingeschränkt, weil die Makler- und Bauträger-Verordnung sehr detaillierte Vorgaben macht, die den Käufer schützen.

Für den Immobilienkäufer besteht die Sicherheit vor allem darin, dass er selbst erst dann zahlen muss, wenn er mit an Sicherheit grenzender Wahrscheinlichkeit davon ausgehen kann, dass er für seine Leistung auch die ihm geschuldete Gegenleistung erhält. Der Bauträgerkaufvertrag ist durch die Makler- und Bauträgerverordnung zu einer Art gesetzlich geregeltem Sukzessivliefervertrag ausgestaltet, der Sie davor schützt, für etwas zu zahlen, das Sie am Ende nicht erhalten.[31]

Gleichwohl gibt es Gestaltungsmöglichkeiten, die eher im Käufer-, und solche, die eher im Verkäuferinteresse liegen. Deshalb ist es wichtig, dass Sie den Entwurf für den Kaufvertrag rechtzeitig Ihrem Anwalt zugehen lassen, der sich am besten direkt mit dem Verkäufer bzw. mit dessen Anwalt (oder auch vorab mit dem beurkundenden Notar) kurzschließt, um vertragliche Formulierungen zu finden, die Ihre Interessen im höchstmöglichen Umfang wahren.

[31] Vgl. die ausgezeichnete Zusammenfassung: Benno Keim, Vertragliche Gestaltung, in: Christian Rollmann (Hrsg.), Der Immobilienkauf, Bonn 1997, S. 319–432.

Der Architekt oder der Sachverständige als Ratgeber

Wenn Sie eine neu zu errichtende Immobilie erwerben oder aber eine gebrauchte Immobilie mit Modernisierungsverpflichtung des Verkäufers, dann wird es immer eine Baubeschreibung geben, in der die zu erbringenden Leistungen beschrieben werden. Leider sind diese Baubeschreibungen oft nicht so präzise, wie dies aus Sicht des Käufers wünschenswert wäre. Außerdem haben Sie nicht die fachlichen Voraussetzungen, um eine solche Baubeschreibung zu verstehen. Deshalb kann es sinnvoll sein, hier einen Architekten zu Rate zu ziehen, der für Sie eine Prüfung vornimmt.

Eine weitere Möglichkeit ist, dass Sie die „Checkliste Altbau“ bzw. „Checkliste Neubau“ dem Verkäufer vorlegen, die auf den Seiten 152 bis 159 abgedruckt ist. Eine ausgefüllte und unterschriebene Checkliste ist viel wert und ermöglicht es Ihnen als Laien, die Qualität der zu erbringenden Bauleistung besser zu beurteilen.

Wenn Sie eine gebrauchte Immobilie kaufen, sollten Sie einen unabhängigen Sachverständigen zur Besichtigung mitnehmen und diesen eventuell auch mit einem Gutachten beauftragen. Denn Sie selbst werden „versteckte Mängel“ oftmals nicht erkennen, unterschreiben jedoch im Kaufvertrag in der Regel einen Passus, dass Sie die Wohnung wie gesehen kaufen und der Verkäufer keine bestimmten Eigenschaften zusichert. Die Hinzuziehung eines Sachverständigen kostet Sie einige hundert und spart Ihnen einige tausend Mark. Außerdem werden Sie zusammen mit dem Sachverständigen stets Argumente finden, die bei der Verhandlung über den Kaufpreis nützlich sind.

Der Makler als Ratgeber

Gute Immobilienmakler verfügen über eine große Bandbreite an Wissen zum Thema „Immobilie“. Sie kennen die Marktsituation, verstehen etwas von steuerlichen Gegebenheiten und von bautechnischen Fragen. Natürlich wollen Makler auch verkaufen, denn nur im Falle des Verkaufs kommt ein Provisionsanspruch zustande. Deshalb können Sie vom Makler bzw. vom Anlagevermittler natürlich nur im eingeschränkten Sinne Objektivität erwarten.

Beurteilen Sie einen Makler oder Immobilienverkäufer stets auch danach, wie er sich „nach dem Kauf" verhält. Wenn Ihnen aus Ihrem Bekanntenkreis ein Makler empfohlen wird, dann fragen Sie vor allem auch nach diesem Punkt. Denn der Verkäufer, der vor dem Kauf hilfsbereit ist und sich für Sie einsetzt, ist eine Selbstverständlichkeit. Gold wert ist hingegen der Verkäufer, der sich als Ihr Interessenvertreter begreift und der für Sie da ist, wenn irgendetwas nicht klappt und Probleme auftreten.

Gute Makler sind in der Regel lange im Geschäft und haben im Zweifel einen Namen zu verlieren. Auch wenn dies vielleicht etwas ungerecht gegenüber „Neulingen" ist, so sollten Sie besser auf erfahrene Makler zurückgreifen. Fragen Sie beim Ring Deutscher Makler (RDM) oder beim Verband Deutscher Makler (VDM), dort wird man Ihnen Adressen von geeigneten Maklern nennen.

Sie sollten beim Kauf einer Immobilie als Kapitalanlage allerdings besser mehrere Makler bzw. Anlagevermittler einschalten. Schließlich kostet Sie dies nichts, weil die Provision ja nur einmal fällig wird, nämlich wenn Sie kaufen. Allerdings sollten Sie vorsichtig sein, wenn Ihnen das gleiche Objekt von zwei Seiten angeboten wird, denn im schlimmsten Fall kann es Ihnen passieren, dass Sie am Schluss zweimal mit Provisionsforderungen konfrontiert werden. Deshalb sollten Sie dann, wenn Ihnen ein Objekt schon bekannt war, dies am besten schriftlich und umgehend dem Makler mitteilen.

Wichtig ist, dass Sie alle relevanten Zusagen und Auskünfte, die Ihnen der Verkäufer bzw. der Makler gibt, schriftlich mit in den Kaufvertrag aufnehmen lassen.
Ein guter Tipp für die Auswahl des richtigen Maklers ist übrigens: Besuchen Sie diesen in seinem Büro!
Auch das gibt Ihnen einen Eindruck davon, ob der Makler professionell arbeitet oder ob er seine Geschäfte „so nebenbei" vom Wohnzimmer aus betreibt.

Schließlich sollten Sie sich, soweit dies „von außen" möglich erscheint, auch einen Eindruck von den privaten Vermögensverhältnissen des Maklers machen. Manche Kunden meinen ja, wenn der Makler ein nobles Auto fährt und eine teure Uhr trägt, dann verdiene der „zu viel“, und dies wohl auf Kosten seiner Kunden. Das Gegenteil ist richtig: Ein guter Makler soll und muss auch gut verdienen. Und wie soll Sie jemand in Geldangelegenheiten „beraten“, der es selbst zu nichts gebracht hat – und damit praktisch unter Beweis gestellt hat, dass er sich auch als Berater nicht eignet?! Es soll Makler und Anlagevermittler geben, die selbst keine einzige Immobilie besitzen – warum wohl nicht?

Zuletzt: Fragen Sie den Makler, woher er seine Fachkenntnisse hat und welche Fortbildungsveranstaltungen er in den letzten Monaten besucht hat.

In Deutschland ist es relativ einfach, Makler zu werden, denn man braucht nur eine Erlaubnis nach § 34c der Gewerbeordnung zu beantragen. Hierfür ist nicht der Nachweis von Fachkenntnissen erforderlich, sondern nur der Nachweis, dass man in geordneten Vermögensverhältnissen lebt und in den letzten fünf Jahren nicht wegen vermögensbezogener Straftaten verurteilt wurde.[32]

Obwohl die Maklerverbände immer wieder eine formalisierte Ausbildung fordern, halte ich die deutsche Regelung bei aller berechtigten Kritik insgesamt nicht für so schlecht. Schließlich leidet unsere Gesellschaft sonst in vielen Bereichen darunter, dass durch allzu viele formalisierte Ausbildungsgänge und Zugangsbeschränkungen der Weg für „Seiteneinsteiger“ stark erschwert wird. Andererseits ist es gerade deshalb für Sie als Kunden wichtig, sich ein genaues Bild über die fachliche Qualifikation des Maklers zu machen.

Fragen Sie den Makler nach seinem persönlichen Expertennetzwerk: Von welchen Anwälten, Steuerberatern, Gutachtern und Baufachleuten lässt er sich beraten?

[32] Vgl. Uwe Bethge, Maklerrecht in der Praxis, Bonn 1999.

Schließlich: Fragen Sie ihn nach seiner Kernkompetenz. Ein Makler, der behauptet, er verstehe gleichermaßen etwas von Eigenheimen für Selbstnutzer, Eigentumswohnungen für Kapitalanleger, von Gewerbeimmobilien und Industrieflächen, wird wahrscheinlich von gar nichts etwas verstehen. Vertrauen Sie dem Spezialisten, der sich nachweislich seit Jahren in einem ganz bestimmten Segment spezialisiert und dort einen Namen gemacht hat.

Zum Schluss ein Rat, den Sie so vielleicht nicht in einem Buch über Immobilienkauf erwarten werden: Handeln Sie!

Wer zu ängstlich ist und alles immer wieder abwägt, weil er auf gar keinen Fall einen Fehler begehen und alles „perfekt“ machen will, der wird niemals ein Vermögen mit Immobilien aufbauen. Viele Bücher und Artikel zum Thema „Immobilienkauf“ sind wirklichkeitsfremd, weil Sie mehrere Monate Urlaub nehmen müssten, um all die Recherchen und Erkundigungen vorzunehmen, die dort als unabdingbar benannt werden. Und viele Artikel zum Thema Immobilienerwerb lesen sich eher als Ratgeber für das Unterlassen eines Kaufes – vielleicht auch deshalb, weil die Verfasser selbst noch nie eine Immobilie erworben haben.

Sie werden jedoch auch beim Kauf von Immobilien, so wie in allen Bereichen des Lebens, nur aus der Praxis und aus Ihren eigenen Fehlern lernen. Damit das Lehrgeld nicht zu teuer wird, das Sie dafür bezahlen müssen (Sie werden Lehrgeld bezahlen müssen!), sollten Sie mit überschaubaren Summen anfangen. Sicherlich sind Sie nicht schlecht beraten, wenn Sie zunächst einmal mehrere Eigentumswohnungen mit zwei Zimmern erwerben, bevor Sie sich an größere Investitionen heranwagen. Wenn Sie die notwendigen Rücklagen bilden und – wie in Kapitel 6 beschrieben – konsequent die eingesparten Steuern sparen, dann haben Sie ein Sicherheitspolster, um auch unvorhergesehene Problemlagen zu meistern.

Gerade beim Immobilienkauf gilt, dass „weniger mehr sein kann". Dies gilt auch für das Thema „Ratgeber". Statt Ihre Zeit damit zu verschwenden, sich mit einer Vielzahl von gutmeinenden, aber inkompetenten „Ratgebern" zu beraten, sollten Sie die in diesem Kapitel aufgeführten wichtigen Berater heranziehen, aber sich am Schluss auf Ihr eigenes Urteilsvermögen verlassen. Den ersten richtigen Schritt haben Sie getan, indem Sie dieses Buch gekauft und gelesen haben. Schreiben Sie sich jetzt die zehn für Sie wichtigsten Erkenntnisse heraus, die Sie aus der Lektüre dieses Buches gewonnen haben – und dann: Handeln Sie! Und übernehmen Sie selbst die Verantwortung, statt sie an Steuerberater und andere Ratgeber zu delegieren. Nur so können Sie Erfolg mit Immobilien haben – und aus Ihren Fehlern lernen.

Stichwortverzeichnis

Anhang: Checklisten zum Immobilienkauf

check liste altbau

STAND 2000

WOHNEN MIT GEWERBE

ENTSCHEIDUNGSHILFE FÜR DEN INTERESSENTEN VON MODERNISIERUNGSOBJEKTEN

WERT-KONZEPT-BERLIN KG
Kurfürstenstraße 132
D-10785 Berlin
Tel. 030/264767-0
Fax 030/2 64 48 26
e-mail: wert-konzept-berlin@t-online.de

Ein Unternehmen der IVG

In Zusammenarbeit mit: **TÜV Süddeutschland**
Bau und Betrieb GmbH
Geschäftsbereich
Bau und Qualität
Westendstraße 199
D-80686 München
Tel. 089/5791-24 59
Fax 089/5791-24 24
e-mail: heinz.fritsch@tuevs.de

OBJEKT

Name des Initiators: ....
Name des Objektes: ....
Baujahr: ....
Grundstücksgröße: ....
a) Anzahl der Wohnungen: .... **mit** ....**m² Wohnfläche**
b) Anzahl der Büros und Praxen: .... **mit** ....**m² Nutzfläche**
c) Anzahl der Laden-/ Gewerbeflächen: .... **mit** ....**m² Nutzfläche**

◀ Positiv — **Negativ ▶**

Gesamtmietflächen

Flächenberechnung für Wohnungen: ❑ II. Berechnungsverordnung

O	O	O	❑	◇	◇	◇	◇
Balkone, Loggien 50% der Fläche, max. 5% der Wohnfläche	3% Putzabzug berücksichtigt	Flächen nach örtlichem Aufmaß	kein Putzabzug, Wände gespachtelt	unbeheizter Wintergarten 100%	Hobbyräume mitberücksichtigt	Balkone, Loggien 100% der Fläche	Mietergärten anteilig in Wohnfläche

Bemerkung: ....

Flächenberechnung für Gewerbe: ❑ DIN 277 / 1

O	O	❑	◇	◇	◇	◇	◇
Nettogrundrissfläche innerhalb der Nutzungseinheit	Verkehrsflächen innerhalb der Nutzungseinheit	Leichte Trennwände übermessen	Funktionsflächen innerhalb der Nutzungseinheit	Alle Verkehrsflächen	Alle Funktionsflächen	Alle Konstruktionsflächen	Die Bruttogrundrissfläche

Bemerkung: ....

Gutachten

Gutachten			Bemerkung
Holzschutzgutachten gemäß DIN	❑ liegt vor	◇ liegt nicht vor	....
Bausubstanzgutachten des TÜV			
vereidigter Sachverständiger (GOB Q)	❑ liegt vor	❑ liegt nicht vor	....
Schallschutzgutachten gemäß DIN	❑ liegt vor	❑ liegt nicht vor	....
Wärmeschutznachweis gemäß DIN	❑ liegt vor	❑ liegt nicht vor	....

Kurzbeschreibung Modernisierungsmaßnahmen

	Vollständige Erneuerung	Laut Fachgutachter mängelfrei *	Erhaltung, nur Instandsetzung	Bemerkung
Leitungsnetz:				
Gas	O	❑	◇	....
Wasser	O	❑	◇	....
Entwässerung	O	❑	◇	....
Warmwasser	O	❑	◇	....
Heizung:				
Zentrale	O	❑	◇	....
Steigestränge	O	❑	◇	....
Heizkörper	O	❑	◇	....
Elektro:				
Hausanschluss	O	❑	◇	....
Steigeleitung	O	❑	◇	....
innerhalb Bestandswohnung	O	❑ VDE-gerecht	◇	....
Dachgeschoss / Neubauteil	O	❑	◇	....
Antennen- / Kabelanschluss	O	❑	❑	....
Türöffner / Gegensprechanlage	O	❑	❑	....
Dach:				
Eindeckung	O	❑	◇	....
Wärmedämmung	O	❑	◇	....
Zinkbleche und Verwahrungen	O	❑	◇	....
Fenster:				
Wohnräume	O	❑	◇	....
Küchen	❑	❑	❑	....
Bäder / WCs	❑	❑	◇	....
Treppenhäuser	❑	❑	❑	....
Bäder:				
sämtliche Bestandswohnungen	O	❑	◇	....
Dachgeschoss / Neubauteil	O	❑	◇	....
Küchen:				
sämtliche Bestandswohnungen	❑	❑	❑	....
Dachgeschoss / Neubauteil	❑	❑	❑	....

* bzw. entspricht der heutigen DIN, VDE-Testat liegt vor (bei Elektroarbeiten)

◄ Positiv Negativ ►

Haustechnische Anlagen

				Bemerkung
Sanitär				
Frischwasserleitungen	O Kupfer/ Edelstahl	❑ verz. Stahlrohr	❑ Kunststoff	....
Abwasserleitungen	O Guss / SML	❑ Faserzement, asbestfrei	❑ Kunststoff	....
Objekte	❑ Markenfabrikat:		❑ keine Angaben	....
Armaturen	❑ Markenfabrikat:		❑ keine Angaben	....
Heizung	❑ Fernwärme	❑ gasbefeuert	❑ ölbefeuert	....
	O Gussradiatoren	❑ Stahlradiatoren	❑ Plattenheizkörper	....
	O Rohrleitungen Kupfer	❑ Rohrleitungen Stahl		....
	O verdeckt liegende Steigestränge	❑ sichtbare Steigestränge		....
Elektro	❑ Klingel- / Gegensprechanlage / Türöffner		❑ nicht enthalten	....
	❑ Leerrohre für Telekommunikation enthalten		❑ nicht enthalten	....
	❑ EDV-Kanäle enthalten (nur Gewerbeflächen)		❑ nicht enthalten	....
	❑ Kabelanschluss enthalten		❑ nicht enthalten	....
	❑ Ausstattung der Wohnung nach DIN 18015		❑ nicht angewendet	....
Sonstiges:	....			....

Bauwerk

					Bemerkung
Dachkonstruktion	(Schrägdach / Flachdach / etc.):				....
Ausbau des Dachraumes	(ja / nein):				....
Belichtungsart	(Gauben / Lichtkuppeln / etc.):				....
Dacheindeckung	O Tonfalzziegel	❑ Betonziegel	❑ Zinkblech	◇ Pappe	....
Fenster	❑ Kastendoppelfenster		❑ Holzfenster	❑ Kunststofffenster	....
Wärmedurchgangswert	❑ K-Wert 1,3	❑ K-Wert 1,8	❑ K-Wert 2,3	◇ K-Wert 3,0	....
Schallschutz lt. Gutachten	❑ ja			◇ nein	....
Schallschutzklasse	❑ II	❑ III	❑ IV	❑ V	....
Fensterbänke innen	❑ Granit / Marmor	❑ Holz	❑ Betonwerkstein	❑ Werzalit/ Kunststoff	....
Fensterbänke außen	❑ Aluminium	❑ Zinkblech / Kupfer		❑ Sonstiges:	....
Schaufenster	❑ Aluminium	❑ Stahl	❑ Holz	❑ Kunststoff	....
- thermisch getrennt	❑ ja			❑ nein	....
Keller					
Neue Abtrennungen	❑ ja	❑ Instandsetzung		❑ nein	....
Neuer Anstrich	❑ ja			❑ nein	....
Maßnahmen gegen aufsteigende Feuchtigkeit	❑ ja	❑ laut Gutachten nicht erforderlich		◇ Erfordernis nicht untersucht	....
Fassaden	O vollständig neu	❑ umfangreiche Instandsetzung		❑ nur Ausbesserung	....
Balkone	O vollständig neuer Aufbau mit Isolierung		❑ durchgreifende Sanierung	❑ Beschichtung	....
Wärmedämmung					
Straßenfassade	❑ ja	O nicht möglich, da stuckverziert		❑ nein	....
Hoffassade	❑ ja	O nicht möglich, da stuckverziert		❑ nein	....
Giebelseiten	❑ ja			◇ nein	....
Fassadendämmung	❑ 10 cm	❑ 8 cm	❑ 6 cm	◇ 4 cm	....
Dämmung im Dachbereich	❑ ≥ 10 cm	❑ 10 cm	❑ ≤ 8cm	◇ keine	....
Dämmung der KG-Decke	O ja			❑ nein	....
Bodenbeläge (neu)					
Treppenhaus	❑ Naturstein	❑ Fliesen / Betonwerkstein	❑ Teppich / Sisal	❑ PVC/ Linoleum	....
Büros, Zimmer, Flure	O Parkett ❑ Teppich	❑ Linoleum	❑ PVC	❑ mieterseitig	....
		Materialrichtpreis (ohne MwSt): ....DM/m²			
Küchen	❑ Fliesen	Materialrichtpreis (ohne MwSt): ....DM/m²			....
WC-Anlagen, Bäder	❑ Fliesen	Materialrichtpreis (ohne MwSt): ....DM/m²			....
Oberflächen von Wänden					
Treppenhaus	❑ Wandmalerei	❑ Gewebetap.	❑ Kunstoffputz	❑ Anstrich	....
Büros, Zimmer, Flure	O Gewebetapete	❑ Rauhfaser	❑ Anstrich	❑ mieterseitig	....
WC-Anlagen, Bäder	❑ Fliesen	Materialrichtpreis (ohne MwSt): ....DM/m²			....
Küchen	❑ Fliesen	Materialrichtpreis (ohne MwSt): ....DM/m²			....
Sonstige Ausstattung					
Einbauten	❑ Einbauküche	❑ Herd / Spüle		❑ mieterseitig	....
Aufzug	O ja			❑ nein	....
Etagen einschl. EG/DG:	....				

Zeichen: O besonders gutes Merkmal ❑ keine besondere Gewichtung ◇ bedenkliches Merkmal

◄ Positiv | Negativ ►

Außenanlagen

				Bemerkung
Stellplätze Anzahl........	O enthalten		❑ nicht enthalten	....
Pflasterflächen	❑ vollständig neu	❑ Instandsetzung	❑ nicht enthalten	....
Müllstandort	❑ vollständig neu	❑ Instandsetzung	❑ nicht enthalten	....
Vegetation	❑ Neuanlegung		❑ nicht enthalten	....
Sitzmöbel, Spielgeräte	❑ vollständig neu	❑ Instandsetzung	❑ nicht enthalten	....

Bauüberwachung

				Bemerkung
Überprüfung des Bauzustandes / Bautenstandes während gesamter Bauzeit	O TÜV / unabh. Institution	❑ vereidigter Sachverständiger	❑ unabh. Architekt Bauingenieur	....
Schlussgutachten / Förmliche Abnahme	O Feststellung der Mängel			....
	O Feststellung der prospektgemäßen Durchführung			....
	O Feststellung der DIN-gerechten Ausführung			....
	O Überprüfung der Mängelbeseitigung			....
Testat des Bautenstandes (Zahlungsfreigabe) durch:	O TÜV / unabh. Institution	❑ vereidigter Sachverständiger	❑ unabh. Architekt Bauingenieur	....

Genehmigungsstand / Sonstige Angaben

				Bemerkung
Baugenehmigung für Ausbau / Umbau	O liegt vor	❑ nicht erforderlich	❑ liegt nicht vor	....
Stellungnahme der Denkmalbehörde	❑ liegt vor	❑ nicht erforderlich	❑ liegt nicht vor	....
Stellungnahme der Sanierungsstelle	❑ liegt vor	❑ nicht erforderlich	❑ liegt nicht vor	....
Abgeschlossenheitsbescheinigung	❑ liegt vor	❑ beantragt	❑ nicht beantragt	....
Schriftliche Ankündigung an Mieter	❑ ja		❑ nein	....
Entspricht die Mietanpassung den gesetzlichen Vorgaben? (z.B.Mietspiegel)	❑ ja		◇ nein	....

Angaben zum Generalübernehmervertrag / Bauvertrag

			Bemerkung
Vertragserfüllungsbürgschaft (min. 5% der Bausumme)	O liegt vor	❑ nein	....
Zurverfügungstehen des Treuhänders für die Anlegergemeinschaft	O ja	◇ nein	....
Sicherheitseinbehalt (min. 5% der Bausumme)	O ja	◇ nein	....
Gewährleistungsdauer	O 5 Jahre	◇ 2 Jahre	....
Gewährleistungsbürgschaft (min. 4% der Bausumme)	O liegt vor	◇ nein	....
Fertigstellungstermin	O vertraglich vereinbart	◇ nicht vereinbart	....
Nachbegehung vor Ablauf der Gewährleistungsfrist	O vertraglich vereinbart	◇ nicht vereinbart	....

Ausführungsvorschriften

Bemerkung

Die Bauausführung erfolgt nach den allgemein anerkannten Regeln der Bautechnik, sofern keine begründeten Belange des Bestandschutzes und des Denkmalschutzes entgegenstehen, unter Berücksichtigung der folgenden DIN Vorschriften in ihrer aktuellen Fassung:

	Bemerkung
❑ DIN 68800 Holzschutz	....
❑ DIN 18366 Tapezierarbeiten	....
❑ DIN 18332 Naturwerksteinarbeiten	....
❑ DIN 18379 Raumlufttechnische Anlagen	....
❑ DIN 18333 Betonwerksteinarbeiten	....
❑ DIN 18380 Heizanlagen und zentrale Wasserwärmungsanlagen	....
❑ DIN 18334 Zimmer- und Holzbauarbeiten	....
❑ DIN 18336 Abdichtungsarbeiten	....
❑ DIN 18381 Gas-, Wasser- und Abwasserinstallationsarbeiten	....
❑ DIN 18338 Dachdeckungs- und Dachabdichtungsarbeiten	....
❑ DIN 18382 Elektrische Kabel- und Leitungsarbeiten	....
❑ DIN 18339 Klempnerarbeiten	....
❑ DIN 18350 Putz- und Stuckarbeiten	....
❑ DIN 18384 Blitzschutzanlagen	....
❑ DIN 18352 Fliesen- und Plattenarbeiten	....
❑ DIN 18421 Dämmarbeiten an technischen Anlagen	....
❑ DIN 18353 Estricharbeiten	....
❑ DIN 18355 Tischlerarbeiten	....
❑ DIN 18363 Maler- und Lackierarbeiten	....
❑ DIN 18364 Korrosionsschutz an Stahl und Aluminiumarbeiten	....
❑ DIN 18349 Betonerhaltungsarbeiten	....
❑ DIN 4108 Wärmeschutz	....
❑ DIN 4109 Schallschutz	....
❑ DIN 4102 Brandschutz	....

Alle verwendeten Baustoffe müssen den Anforderungen des Bauprodukten-Gesetzes entsprechen. Es sollen Materialien zur Verwendung kommen, die hinsichtlich ihrer Gewinnung, Verarbeitung und Funktion eine hohe Umweltfreundlichkeit aufweisen.

__________________________ Ort / Datum

__________________________ Stempel / Unterschrift (Initiator / Verkäufer)

check liste neubau

STAND 2000

WOHNEN MIT GEWERBE

ENTSCHEIDUNGSHILFE
FÜR DEN INTERESSENTEN VON
NEUBAUOBJEKTEN

WERT-KONZEPT-BERLIN KG
Kurfürstenstraße 132
D-10785 Berlin
Tel. 030/2647 67-0
Fax 030/2 64 48 26
e-mail: wert-konzept-berlin@t-online.de

Ein Unternehmen der IVG

In Zusammenarbeit mit: **TÜV Süddeutschland**
Bau und Betrieb GmbH
Geschäftsbereich
Bau und Qualität
Westendstraße 199
D-80686 München
Tel. 089/5791-24 59
Fax 089/5791-24 24
e-mail: heinz.fritsch@tuevs.de

OBJEKT

Bauherr / Initiator: ....

Bauvorhaben: ....

Baujahr: ....

a) Anzahl der Wohnungen: .... mit ....m^2 Wohnfläche

b) Anzahl der Büros und Praxen: .... mit ....m^2 Nutzfläche

c) Anzahl der Laden-/ Gewerbeflächen: .... mit ....m^2 Nutzfläche

◀ Positiv — **Negativ ▶**

Gesamtmietflächen

Flächenberechnung für Wohnungen: ❑ II. Berechnungsverordnung

O	O	O	❑	◇	◇	◇	◇
Balkone, Loggien 50% der Fläche, max. 5% der Wohnfläche	3% Putzabzug berücksichtigt	Flächen nach örtlichem Aufmaß	kein Putzabzug, Wände gespachtelt	unbeheizter Wintergarten 100%	Hobbyräume mitberücksichtigt	Balkone, Loggien 100% der Fläche	Mietergärten anteilig in Wohnfläche

Bemerkung: ....

Flächenberechnung für Gewerbe: ❑ DIN 277 / 1

O	O	❑	◇	◇	◇	◇	◇
Nettogrundrissfläche innerhalb der Nutzungseinheit	Verkehrsflächen innerhalb der Nutzungseinheit	Leichte Trennwände übermessen	Funktionsflächen innerhalb der Nutzungseinheit	Alle Verkehrsflächen	Alle Funktionsflächen	Alle Konstruktionsflächen	Die Bruttogrundrissfläche

Bemerkung: ....

Genehmigungsstand / Sonstige Angaben

				Bemerkung
Bauvorbescheid	❑ liegt vor		❑ liegt nicht vor	
Baugenehmigung	❑ liegt vor		❑ liegt nicht vor	....
Stellungnahme der Denkmalbehörde	❑ liegt vor	❑ nicht erforderlich	❑ liegt nicht vor	....
Stellungnahme der Bodendenkmalpflege	❑ liegt vor	❑ nicht erforderlich	❑ liegt nicht vor	....
Nachbarrechtliche Genehmigungen	❑ liegt vor	❑ nicht erforderlich	❑ liegt nicht vor	....

Gutachten

			Bemerkung
Bodengutachten	❑ liegt vor	❑ liegt nicht vor	....
Bodenverunreinigungen festgestellt	❑ nein	◇ ja	....
Schallschutzgutachten gemäß DIN	❑ liegt vor	❑ liegt nicht vor	....
Wärmeschutznachweis gemäß DIN	❑ liegt vor	❑ liegt nicht vor	....

Haustechnische Anlagen

				Bemerkung
Sanitär				
Frischwasserleitungen	O Kupfer / Edelstahl	❑ verz. Stahlrohr	❑ Kunststoff	....
Abwasserleitungen	O Guss / SML	❑ Faserzement, asbestfrei	❑ Kunststoff	....
Objekte	❑ Markenfabrikat:		❑ keine Angaben	....
Armaturen	❑ Markenfabrikat:		❑ keine Angaben	....
Heizung	❑ Fernwärme	❑ gasbefeuert	❑ ölbefeuert	....
	O Gussradiatoren	❑ Stahlradiatoren	❑ Plattenheizkörper	....
	O Rohrleitungen Kupfer	❑ Rohrleitungen Stahl		....
	O verdeckt liegende Steigestränge	❑ sichtbare Steigestränge		....
Elektro	❑ Klingel- / Gegensprechanlage / Türöffner		❑ nicht enthalten	....
	❑ Leerrohre für Telekommunikation enthalten		❑ nicht enthalten	....
	❑ EDV-Kanäle enthalten (nur Gewerbeflächen)		❑ nicht enthalten	....
	❑ Kabelanschluss enthalten		❑ nicht enthalten	....
	❑ Ausstattung der Wohnung nach DIN 18015		❑ nicht angewendet	....
Sonstiges:	....			....

Außenanlagen

			Bemerkung
Stellplätze / Anzahl	O .....(Tief-)garage	❑ .....im Freien	....
Pflasterflächen	❑ enthalten	❑ nicht enthalten	....
Müllstandort	❑ enthalten	❑ nicht enthalten	....
Vegetation	❑ enthalten	❑ nicht enthalten	....
Sitzmöbel, Spielgeräte	❑ enthalten	❑ nicht enthalten	....
Einfassungen / Zäune	❑ enthalten	❑ nicht enthalten	....
Fahrradständer	❑ enthalten	❑ nicht enthalten	....
Außenbeleuchtung	❑ enthalten	❑ nicht enthalten	....

◀ Positiv — Negativ ▶

Bauwerk

Bauwerk					Bemerkung
Konstruktion	(Konventionell / Stahlbeton-Skelett / etc.):				....
Gründung					
Bodenbeschaffenheit	❑ einfache Gründungsverhältnisse	❑ schwierige Gründungsverhältnisse			....
Fundamente	(Platten / Einzel- oder Streifenfundament / etc.):				....
Sohlplatte unterseitig gedämmt	❑ ja			❑ nein	....
Maßnahmen gegen Feuchtigkeit im KG	❑ WU-Beton "weiße Wanne"	❑ nicht erforderlich ❑ Beton mit Anstrich		◇ nein	....
Außenwände in Geschossen	❑ Mauerwerk	❑ Ortbeton		❑ Fertigteile	....
Mauerwerk	❑ Poroton O Naturstein O Vollklinker	❑ Kalksandstein / Gasbeton ❑ Fertigteilplatte mit Klinkerriemchen ❑ Thermoputz ...... cm			....
Tragende Innenwände und Stützen	❑ Mauerwerk (geputzt)	❑ Ortbeton (geputzt / gespachtelt)		❑ Fertigteile (geputzt / gespachtelt)	....
Decken	❑ Ortbeton (geputzt)	❑ Filigrandecken (geputzt / gespachtelt)		❑ sonstige Fertigteile (geputzt / gespachtelt)	....
Fußboden	❑ schwimm. Estrich			◇ Verbundestrich	....
Dachkonstruktion	(Schrägdach / Flachdach / etc.):				....
	❑ zimmermannsmäßige Konstruktion	❑ Betonfertigteile und aufgesetzte Sparren			....
	❑ hinterlüftete Konstruktion	❑ nicht hinterlüftete Konstruktion			....
Belichtungsart	(Gauben / Lichtkuppeln / etc.):				....
Dacheindeckung	❑ Dachziegel	❑ Zinkblech			....
Flachdacheindeckung	System:				....
Fenster	O Aluminium	O Stahl	❑ Holz	❑ Kunststoff	....
Schallschutz lt. Gutachten	❑ ja			◇ nein	....
Fensterbänke innen	❑ Granit / Marmor	❑ Holz	❑ Betonwerkstein	❑ Werzalit / Kunststoff	....
Fensterbänke außen	❑ Aluminium	❑ Zinkblech / Kupfer			....
Schaufenster	O Aluminium	O Stahl	❑ Holz	❑ Kunststoff	
- thermisch getrennt	❑ ja			❑ nein	
Wärmeschutz					
Bauteile entsprechend Wärmeschutznachweis	❑ ja			◇ nein	....
Bodenbeläge					
Treppenhaus	❑ Naturstein	❑ Fliesen / Betonwerkstein		❑ PVC/ Linoleum	....
Büros, Zimmer, Flure	O Parkett ❑ Teppich	❑ Linoleum	❑ PVC	❑ mieterseitig	....
		Materialrichtpreis (ohne MwSt): ....DM/m²			....
Küchen	❑ Fliesen	Materialrichtpreis (ohne MwSt): ....DM/m²			....
WC-Anlagen, Bäder	❑ Fliesen	Materialrichtpreis (ohne MwSt): ....DM/m²			....
Oberflächen von Wänden					
Treppenhaus	❑ Gewebetapete	❑ Kunststoffputz	❑ Anstrich		....
Büros, Zimmer, Flure	O Gewebetapete	❑ Rauhfaser	❑ Anstrich	❑ mieterseitig	....
WC-Anlagen, Bäder	❑ Fliesen	Materialrichtpreis (ohne MwSt): ....DM/m²			....
Küchen	❑ Fliesen	Materialrichtpreis (ohne MwSt): ....DM/m²			....
Sonstige Ausstattung					
Einbauten	❑ Einbauküche	❑ Herd / Spüle		❑ mieterseitig	....
Innentüren	❑ Holzzargen / Furnier / Holz	❑ Stahlzargen / Kunststoff	❑ Vollspanblatt	❑ Röhrenspanblatt	....
Treppengeländer	❑ Edelstahl	❑ Holz		❑ lackierter Stahl	....
Aufzug	O ja			❑ nein	....
Etagen einschl. EG / DG:	....				

Zeichen: O besonders gutes Merkmal ❑ keine besondere Gewichtung ◇ bedenkliches Merkmal

◀ Positiv | Negativ ▶

Bauüberwachung

Bemerkung

				Bemerkung
Überprüfung des Bauzustandes / Bautenstandes während gesamter Bauzeit	O TÜV / unabh. Institution	❑ vereidigter Sachverständiger	❑ unabh. Architekt Bauingenieur	....
Schlussgutachten / Förmliche Abnahme	O Feststellung der Mängel			....
	O Feststellung der prospektgemäßen Durchführung			....
	O Feststellung der DIN-gerechten Ausführung			....
	O Überprüfung der Mängelbeseitigung			....
Testat des Bautenstandes (Zahlungsfreigabe) durch:	O TÜV / unabh. Institution	❑ vereidigter Sachverständiger	❑ unabh. Architekt Bauingenieur	....

Angaben zum Generalübernehmervertrag / Bauvertrag

			Bemerkung
Vertragserfüllungsbürgschaft (min. 5% der Bausumme)	O liegt vor	❑ nein	....
Sicherheitseinbehalt (min. 5% der Bausumme)	O ja	◇ nein	....
Gewährleistungsdauer	O 5 Jahre	◇ 2 Jahre	....
Gewährleistungsbürgschaft (min. 4% der Bausumme)	O liegt vor	◇ nein	....
Fertigstellungstermin	O vertraglich vereinbart	◇ nicht vereinbart	....
Nachbegehung vor Ablauf der Gewährleistungsfrist	O vertraglich vereinbart	◇ nicht vereinbart	....

Ausführungsvorschriften

Bemerkung

Die Bauausführung erfolgt nach den allgemein anerkannten Regeln der Bautechnik unter Berücksichtigung der folgenden DIN Vorschriften in ihrer aktuellen Fassung:

- ❑ DIN 18300 Erdarbeiten ....
- ❑ DIN 18301 Bohrarbeiten ....
- ❑ DIN 18302 Brunnenarbeiten ....
- ❑ DIN 18303 Verbauarbeiten ....
- ❑ DIN 18304 Rammarbeiten ....
- ❑ DIN 18305 Wasserhaltungsarbeiten ....
- ❑ DIN 18313 Schlitzwandarbeiten mit stürzenden Flüssigkeiten ....
- ❑ DIN 18330 Maurerarbeiten ....
- ❑ DIN 18331 Beton- und Stahlbetonarbeiten ....
- ❑ DIN 18332 Naturwerksteinarbeiten ....
- ❑ DIN 18333 Betonwerksteinarbeiten ....
- ❑ DIN 18334 Zimmer- und Holzbauarbeiten ....
- ❑ DIN 18335 Stahlbauarbeiten ....
- ❑ DIN 18336 Abdichtungsarbeiten ....
- ❑ DIN 18338 Dachdeckungs- und Dachabdichtungsarbeiten ....
- ❑ DIN 18339 Klempnerarbeiten ....
- ❑ DIN 18350 Putz- und Stuckarbeiten ....
- ❑ DIN 18352 Fliesen- und Plattenarbeiten ....
- ❑ DIN 18353 Estricharbeiten ....
- ❑ DIN 18354 Gussasphaltarbeiten ....
- ❑ DIN 18355 Tischlerarbeiten ....
- ❑ DIN 18356 Parkettarbeiten ....
- ❑ DIN 18357 Beschlagarbeiten ....
- ❑ DIN 18360 Metallbauarbeiten, Schlosserarbeiten ....
- ❑ DIN 18361 Verglasungsarbeiten ....
- ❑ DIN 18363 Maler- und Lakierarbeiten ....
- ❑ DIN 18364 Korrosionsschutzarbeiten an Stahl- und Aluminiumarbeiten ....
- ❑ DIN 18365 Bodenbelagsarbeiten ....
- ❑ DIN 18366 Tapezierarbeiten ....
- ❑ DIN 18379 Raumlufttechnische Anlagen ....
- ❑ DIN 18380 Heizanlagen- und zentrale Wassererwärmungsanlagen ....
- ❑ DIN 18381 Gas-, Wasser- und Abwasserinstallationsarbeiten ....
- ❑ DIN 18382 Elektrische Kabel- und Leitungsarbeiten ....
- ❑ DIN 18384 Blitzschutzanlagen ....
- ❑ DIN 18421 Dämmarbeiten an technischen Anlagen ....
- ❑ DIN 18451 Gerüstarbeiten ....
- ❑ DIN 18202 Maßtoleranzen im Hochbau ....
- ❑ DIN 4108 Wärmeschutz ....
- ❑ DIN 4109 Schallschutz ....
- ❑ DIN 4102 Brandschutz ....
- ❑ DIN 68800 Holzschutz ....

Alle verwendeten Baustoffe müssen den Anforderungen des Bauprodukten-Gesetzes entsprechen. Es sollen Materialien zur Verwendung kommen, die hinsichtlich ihrer Gewinnung, Verarbeitung und Funktion eine hohe Umweltfreundlichkeit aufweisen.

______________________ Ort / Datum

______________________ Stempel / Unterschrift (Initiator / Verkäufer)